사소해서
물어보지 못했지만
궁금했던
이야기 3

사소해서
물어보지 못했지만
궁금했던
이야기 3

사물궁이 잡학지식 기획

최승이 지음

arte

프롤로그
"왜?"라는 질문의 힘

저는 어릴 때 "왜?"를 입에 달고 사는 아이였습니다. 사람은 왜 눈을 깜빡여야 하는지, 자동차를 타고 달릴 때 왜 달은 우리를 따라오는지, '엄마'가 왜 우리 엄마만의 호칭이 아닌지 너무 궁금했습니다. 숨 쉬듯 지나가는 사소한 것에도 그저 받아들이지 못하고 궁금증을 참지 못하던 사람이 학자의 길을 택했다는 사실은 어쩌면 필연의 결과일지도 모릅니다. 그중 역사, 특히 한국사는 의문으로 이루어진 산을 쌓고 난 뒤에야 그 산에 올라 전체를 관망할 수 있는 분야이기 때문에 더더욱 그렇습니다.

역사를 전공으로 선택하고 한국사 연구자가 된 지금, 오히려 순수한 어린 날의 "왜?"가 생각납니다. 연구자의 길을 걸으며 방향을 잃고 헤맬 때, 혹은 너무나도 연구에 치중하게 된 자신에게서 어린 날의 관점이 필요해질 때 특히 그렇습니다. 사실 우리가 지나간 역사를 돌아보는 근본적인 이유도 그때와 다르지 않습니다. 단순히 '궁금하기' 때문입니다. 호기심에는 강력한 힘이 있습니다. 아주 사소한 질문이 놀라운 발견을 만들고, 이 발견은 전 세계 사람들의 일상을 바꿔 놓기도 합니다. 그리고 이 책은, 그런 생각들 덕분에 완성되었습니다.

옛날 옛적 우리가 밟고 서 있는 땅에 살았던 사람들이 일상을 어떻게 보냈을지 궁금해하다 보면, 흥미가 생기고 새로운 연구 관점이 눈에 보이게 됩니다. 그러나 독자분들께 그러한 시각을 기대하거나 강요하는 것은 아닙니다. 그저, 제 눈에 재밌는 이 사소한 질문들이 다른 사람에게 가닿았을 때 어떻게 변할지, 얼마나 참신한 생각들이 떠오를지가 궁금해집니다.

모든 것에 물음표를 던졌던 아이가 자라 누군가의 "왜?"에 대답하게 되었습니다. 수많은 물음 속에서 여러분이 모르고 지나갔을, 알고 싶었을 주제를 선정하는 일이 즐거웠습니다. 한국의 역사 중에서도 고대, 고려 시기는 우리에게 아주 먼 일처럼 느껴지기 때문에 이러한 궁금증이 많이 발견되곤 합니다.

이 책의 물음들이 여러분에게 흥미와 호기심을 던져 주었나요? 그 질문에 대해 여러분은 어떤 답을 내렸고, 왜 그렇게 생각하셨나요? 책을 시작하면서 다시 한번 새로운 "왜?"를 던져 봅니다.

2024년 12월 **최승이**

차례

1부

사소해서 물어보지 못했던
고대사 이야기

고인돌은 무덤이라던데,
시신은 어디에 있는 걸까?

고인돌은 거대한 돌로 만든 선사시대의 무덤으로, 고대의 장례문화뿐 아니라 사회 질서, 신앙 등을 보여 주는 중요한 문화유산입니다. 한반도 곳곳에 남아 있는 고인돌은 그 수가 많고 다양해서 오래전부터 세계적으로 주목받아 왔는데, 그중 2000년에 고창·화순·강화 고인돌 유적이 세계유산으로 등재되며 그 문화적 우수성을 인정받았습니다.

그런데 보통 무덤이라고 하면 지하에 관을 두고 지상에는 동그란 봉분을 덮은 형태를 떠올립니다. 반면 봉분이 없고 거대한 돌로만 이루어진 고인돌은 주검을 놓는 위치를 쉽게 파악하기 어려운데, 고인돌의 어디에 시신이 안치되었을까요?

주제의 질문에 답하기 위해서는 우선 고인돌의 구조를 알아야 합

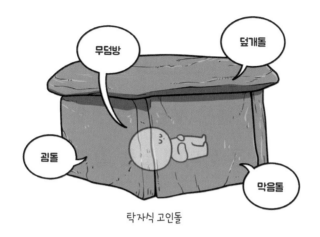

무덤방

덮개돌

굄돌

막음돌

탁자식 고인돌

니다. '고인돌'이라는 이름은 말 그대로, 큰 돌을 아래의 돌이 '고이고 있는' 즉 '받치고 있는' 돌이라는 뜻입니다. 고인돌은 받치는 돌의 형태에 따라 크게 세 가지로 나눌 수 있는데, 우선 우리가 '고인돌' 하면 흔히 떠올리는 강화 고인돌은 대표적인 **탁자식 고인돌**입니다. 탁자식 고인돌은 잘 다듬은 3~4개의 돌을 세우고 그 위에 거대한 '덮개돌'을 얹은 형태입니다. 마치 탁자처럼 생겼다고 해서 이런 이름이 붙었고, 주로 한강 이북 지역에서 많이 발견되어 '북방형 고인돌'이라고도 합니다. 이때 거대한 돌을 받치기 위해 특별히 다듬은 돌을 '굄돌' '판돌' 또는 '받침돌'이라고 하며, 판돌 3~4매로 만든 네모난 공간을 '무덤방'이라고 합니다. 바로 이 무덤방에 주검을 둡니다. 판돌이 2매일 경우에는 나머지 뚫려 있는 부분을 막아서 무덤방을 만드는데, 이를 '막음돌'이라고 합니다.

다른 종류의 고인돌도 알아보겠습니다. **바둑판식 고인돌**은 무덤방이 지하에 위치합니다. 바둑판식은 땅속에 돌로 무덤방을 만들어 주검을 안치하고 그 위에 큰 돌을 얹는데, 이때 그 밑에 작은 돌을 4~8매 정도 고여 놓습니다. 굄돌로는 다듬은 돌과 자연석을 함께 사용하고, 덮개돌과 땅 사이 간격이 짧아 마치 바둑판처럼 보인다고 하여 이런 이름이 붙었습니다. 그리고 주로 남부 지역에서 발견되어 '남방식 고인돌' 또는 '기반식基盤式 고인돌'이라고도 하며, 규모가 큰 경우에는 무덤방이 발견되지 않기도 합니다.

다음으로 **개석식 고인돌**이 있고, 역시 무덤방이 지하에 있는 구조입니다. '개석蓋石'은 말 그대로 덮개돌이라는 뜻으로, 지하에 만든 무덤방 바로 위에 덮개돌을 올려놓아서 뚜껑 역할을 하게 만드는 구조입니다. 땅 위에 큰 돌 하나가 놓여 있는 형태로, 받침돌이 없다고 해서 '무지석식無支石式'이라고도 합니다. 많은 고인돌이 개석식에 속하며, 무덤 영역을 표시하는 묘역 시설과 함께 땅속 무덤방에서 부장 유물도 많이 발굴됩니다. 대표적인 고인돌의 형태는 이와 같

바둑판식 고인돌
덮개돌
굄돌
무덤방

개석식 고인돌
덮개돌
무덤방

고, 이 외에도 다양한 형태의 고인돌이 존재합니다.

그런데 고려시대부터 고인돌은 특이하고 이상한 존재로 여겨졌던 것 같습니다. 고려의 유명한 문인 이규보의 문집 『동국이상국집東國李相國集』에는 한반도를 다니며 쓴 여러 기행문이 실려 있는데, 그중 전라북도 지역 기행문인 「남행월일기南行月日記」에 고인돌(지석) 목격담이 짧게 등장합니다. 이규보는 지석에 대해 "옛 성인이 괴어 놓았다고 전해진다"라고 기록하며, 이를 '기이'하다고 표현했습니다. 이를 통해 고려 사람들도 고인돌을 옛 선조들이 의도적으로 돌을 쌓아 무덤을 표시한 것으로 이해했음을 알 수 있으며, 큰 돌을 괴는 독특하고 거대한 형식의 무덤이 고려 사람들에게도 신비롭고 낯선 존재로 보였음을 짐작할 수 있습니다.

과학 기술이나 도구가 없던 고대에 이렇게 거대한 고인돌을 만드는 일은 매우 어려웠을 것입니다. 고인돌 제작 과정을 연구한 학자

기이하고
놀랍구나!

들의 추정에 따르면, 강화도 부근리에서 발견된 52톤짜리 덮개돌을 제작하는 데 무려 500명 정도가 필요했다고 합니다. 한 사람의 무덤 일부를 만들기 위해 이토록 많은 사람이 힘을 쏟아야 했다는 점에서, 학자 대부분은 고인돌이 신분 제도가 존재했던 청동기시대의 유물이라고 보고 있습니다.

나아가 고인돌의 기능을 단순히 무덤으로만 보지 않는 시각도 많습니다. 부를 상징하는 기념물이나 권위를 과시하기 위한 축조물로 보기도 하고, 몇몇 고인돌의 위치와 주변 환경을 고려하여 제사를 지내는 제단 역할을 했다고 보기도 합니다. 이처럼 고인돌은 당시 사회의 다양한 모습을 보여 주는 중요한 유물이라고 할 수 있습니다.

저 무덤을 쌓느라 500명이 고생했대!

02

고구려 사람들은
정말 활을 잘 쏘았을까?

　힘과 기상을 자랑하는 국가로 알려진 고구려를 떠올릴 때 검보다는 활을 연상하는 사람들이 많습니다. 명궁이었다고 전해지는 고구려의 시조 고주몽의 이야기부터 말을 타고 활을 쏘는 모습이 그려진 고구려 고분벽화들까지, 고구려의 활 문화는 널리 알려져 있습니다. 그렇다면 고구려 사람들은 정말 활을 잘 쏘았을까요?

　실제 고구려 활의 위력은 여러 역사서에 기록되어 있으며, 특히 중국 자료에서 많이 발견됩니다. 예를 들어 중국 후한의 역사를 담은 『후한서』에는 중국의 입장에서 동쪽에 사는 민족들에 관해 기록한 「동이열전」이 존재하는데, 이를 통해 한반도 북방 민족들이 대체로 활을 즐겨 사용했음을 알 수 있습니다.

　가령 「동이열전」 서문에는 "숙신이라는 민족이 중국 주나라에 화살과 화살촉을 바쳤다"라는 이야기가 나옵니다. 여기서 '숙신'은 한반도 북쪽에서 활동했던 민족입니다. 고구려와 관련이 깊은 국가 부여에 대해서도 "활과 화살이 전쟁에서 주요 무기로 활용되었다"라는 기록이 남아 있고, 부여의 신하로 귀속된 읍루 역시 활을 매우 잘 쏘았다고 전합니다. 특히 읍루 사람들은 활로 사람의 눈을 꿰뚫을 만큼 뛰어난 활 실력을 가졌고, 그 활의 힘은 쇠뇌처럼 강했다고 합니다. 그리고 고구려조에서는 고구려를 또 다른 이름인 '맥'이라고 소개하면서, 맥에서는 좋은 활이 나는데 이를 '맥궁'이라고 부른다고 설명하기도 합니다. 고구려의 시조 주몽 역시 '활을 잘 쏘는 사람'이라는 의미가 담긴 이름입니다.

고분벽화 역시 고구려의 활 문화를 보여 주는 중요한 사료입니다. 무용총, 안악 3호분, 약수리 무덤 등 현재 고구려의 무덤으로 알려

진 곳의 벽화에는 걸어다니는 보병뿐 아니라 말을 탄 기병이 활을 쏘는 모습이 여럿 그려져 있습니다. 안악 3호분이나 장천 1호분 등의 벽화에 묘사된 기마 궁수의 활을 잘 보면 그 길이가 짧은데, 이는 말을 탄 기병이 사용하기에 적합한 형태였다고 합니다. 달리는 말 위에서 목표물을 겨누어 사냥하는 그림들은 고구려 사람들이 말 위에서도 균형을 잃지 않고 활을 쏠 수 있었다는 사실을 보여 주며, 이를 통해 고구려인들이 활쏘기에 얼마나 능했는지 알 수 있습니다. 또 고구려 유적에서 발견된 화살촉 역시 매우 다양합니다. 끝이 뾰족한 형태부터 날이 달린 것, 갈고리가 달린 촉까지 여러 종류가 발견되어 고구려의 활쏘기 기술이 얼마나 발달했는지를 추정하게 합니다.

전쟁 장면이 아니더라도 고구려 고분벽화에는 사냥 등 활을 사용

ⓒ국립중앙박물관

무용총 고분은
지금 봐도 너무 멋있다!

말 위에서
활 쏘는 것도 대단해!

하는 모습이 많이 묘사되어 있습니다. 특히 주목할 만한 것은 덕흥리 무덤 동쪽 벽의 행렬도에 그려진 천장 수렵도의 기마 궁수인데, 말 위에서 뒤를 돌아보며 활을 쏘는 모습으로 묘사되어 있습니다. 연구자들은 이런 자세가 평소의 끊임없는 훈련으로만 가능한 것이며, 말과 활 모두에 능숙한 사람만이 보여 줄 수 있는 최고의 기술이라고 분석합니다.

　나아가 『주서』「고려전」에는 고구려에서 사용한 병장기의 종류가 기록되어 있는데, 여기에도 활이 빠지지 않고 등장합니다. 『삼국사기』에서도 고구려의 사냥 장면이 전해지며, 우리에게 익숙한 평강 공주와 바보 온달의 이야기가 대표적입니다. 온달은 사냥 대회에서 뛰어난 솜씨를 보여 인재로 등용되었고, 이후 군대가 침입했을 때 전투에 나갔습니다. 이를 통해 고구려에서 전쟁과 사냥은 밀접한 관계였으며, 그 중심에는 활이 있었다는 것을 알 수 있습니다.

내가 활 하나는
잘 쏘지.

고구려 활을 현대에 재현한다면?

2000년대 초, 한 한국인 공학자가 미국에서 고구려의 활과 화살을 과학적으로 재현하는 흥미로운 실험을 진행했습니다. 이 실험에서 그는 탄성, 힘, 운동량에 대한 실험 자료를 바탕으로 고구려의 활과 화살을 재현해 냈습니다. 고구려 문헌 기록에 따라 당시 사용됐던 나무를 찾아 그 나무의 탄성과 강도를 연구했고, 활과 화살의 구조를 밝혀서 전자기적 기계장치를 만든 것입니다. 결과적으로 그 화살은 1km 이상을 날아갔다고 합니다.

 고대 물건을 현대에 완벽히 재현하는 것은 매우 어려운 일이라 이 실험의 정확성에 관해선 추가 연구가 필요하겠지만, 이러한 시도는 멀게만 느껴지는 고대를 직접 체험해 볼 수 있는 의미 있는 경험을 제공합니다.

03

고구려, 백제, 신라 사람들은
서로 말이 통했을까?

고구려, 백제, 신라를 모두 우리나라 역사로 여기는 우리는 삼국 사람들이 국경을 넘나들며 소통했다는 이야기를 들어도 세 나라 사이에 말이 잘 통했는지 의문을 크게 갖지 않습니다. 그런데 삼국은 정말 같은 언어를 썼고, 서로 말이 통했을까요? 학자들 사이에 의견이 분분한 문제이지만, 주목할 점은 삼국을 넘나들며 활동했던 인물이 아주 많았고, 통역관 없이 소통이 가능했다는 여러 일화가 전해진다는 사실입니다.

가장 유명한 이야기는 신라 김춘추의 일화입니다. 선덕여왕 시절 백제가 신라를 침공하자 김춘추는 군사를 청하기 위해 고구려로 향했습니다. 그러나 그를 정탐꾼으로 의심한 고구려 보장왕은 그에게 신라 땅 일부를 내놓으라는 무리한 요구를 했고, 김춘추가 거절하자 그를 감금했습니다. 감금된 김춘추는 보장왕의 총애를 받던 신하 선도해에게 뇌물을 건네 그와 접촉합니다. 선도해는 김춘추에게 용왕에게 간을 빼앗길 뻔한 토끼가 간을 육지에 두고 왔다고 거짓말을 해 목숨을 구했다는, 오늘날까지 전해지는 '토끼와 거북이' 이야기를 들려줍니다. 이를 들은 김춘추는 보장왕에게 땅을 반환하겠다고 거짓 약속을 하고 풀려나 신라로 돌아갈 수 있었습니다.

그런데 김춘추가 고구려 왕을 만났을 때는 통역관이 함께 있었다고 해도, 그가 비밀리에 선도해와 접선했을 때는 통역관이 있었을 리가 없습니다. 즉 신라 사람인 김춘추와 고구려 사람인 선도해 사이 대화가 통역 없이도 무리 없이 진행된 것입니다.

고구려 장수 검모잠의 편지 일화도 이와 비슷하게 해석할 수 있습니다. 고구려가 신라에 의해 멸망한 직후, 검모잠은 신라 문무왕에게 직접 편지를 보냅니다. 편지에서 그는 고구려 왕족 출신 안승을 고구려 왕으로 옹립해 멸망한 고구려의 명맥을 이어 달라고 간

고구려를
잇게 해 주십시오!

곡히 청했습니다. 문무왕은 이를 받아들여 안승을 고구려 왕으로 책봉했고, 이후 안승은 신라 왕족과 혼인하기도 했습니다.

그런데 당시는 고구려가 멸망한 직후였으므로 이 편지는 나라와 나라 사이에 공식적인 사절을 통한 외교가 아니었습니다. 즉 급박한 정세 속에서 검모잠은 고구려 말로 편지를 썼을 것이고, 신라에 편지를 전한 사람 역시 고구려인이었을 것입니다. 만에 하나 통역관이 함께 따라갔을 가능성도 생각해 볼 수 있는데, 불가능에 가깝습니다. 신라와 고구려 사이에 말이 통하지 않았다면 이러한 소통 방식 자체는 이루어질 수 없었을 것입니다.

신라 승려 거칠부의 일화도 비슷하게 해석할 수 있습니다. 승려로서 유랑하던 거칠부는 어느 날 고구려에서 혜량 법사의 설법을 듣게 됩니다. 자신의 출신을 묻는 혜량에게 거칠부는 자신이 신라 사람이며, 설법을 들으러 왔다고 답합니다. 혜량은 거칠부가 정치적 의도를 가지고 고구려에 왔음을 눈치챘지만, 그를 돕기 위해 신라

나라는 달라도
부처의 뜻은 같으니

로 돌아가라고 충고했습니다. 거칠부는 훗날 신라가 고구려를 침략하게 되면 혜량을 해치지 않겠다고 약조한 뒤 귀국해 승려 생활을 마치고 관직에 올랐습니다. 그리고 이 인연으로 이후 혜량은 신라로 와서 전국의 승려들을 이끄는 국통이 되었습니다.

신라 사람인 거칠부가 고구려 승려 혜량의 설법을 어려움 없이 들었다는 점은 두 사람의 언어가 크게 다르지 않았을 가능성을 보여 줍니다. 또한 거칠부가 자신이 신라 사람임을 밝히기 전까지 다른 사람들이 이를 알아채지 못했다는 점, 그리고 출신을 밝힌 후에도 거칠부와 혜량이 자연스럽게 일상 대화를 나눴다는 점은 고구려와 신라의 언어에 큰 차이가 없었음을 짐작하게 합니다.

한편 중국 양나라 사람의 입장에서 고구려, 백제, 신라에 대한 정보를 기록한 책, 『양서』에서도 비슷한 내용을 엿볼 수 있습니다.

> 언어와 복장이 고구려와 대략 같다
> — 『삼국지』 『양서』 「동이열전」 중 백제 기사 발췌

『양서』는 백제에 대해 "언어와 복장이 고구려와 거의 같다"라고 기록하고 있습니다. 또한 "신라와 소통하기 위해서는 백제의 통역이 필요하다"라고 전하며, "신라는 나라가 작아서 독자적으로 사신을 파견할 수 없다"라는 내용도 등장합니다.

일부 학자들은 당시 작은 나라였던 신라에는 중국어를 할 수 있는 통역관이 없었기 때문에, 신라와 말이 통했던 백제의 통역이 필요했다고 해석합니다. 한편, 이 기록을 근거로 백제와 신라의 언어가 완전히 똑같진 않았을 것이라고 해석하는 학자들도 있습니다. 백제와 신라의 언어가 같았다면, 백제와 교류했던 중국이 신라와 소통할 때 굳이 백제의 통역이 필요했을 리 없다는 것입니다.

한편 삼국의 지리와 지형 정보를 담은 『삼국사기』「잡지」지리 편에는 삼국 통일 이전 고구려와 백제 지명에서 신라 지명과 비슷한 표기법이 다수 발견됩니다. 이는 삼국의 언어가 비슷했을 가능성을 뒷받침하는데, 땅의 이름은 다른 단어보다 쉽게 바뀌지 않고 오랜 기간 이어져 내려오기 때문입니다.

우리가 배우는 역사 속 인물들의 행동이 언어의 장벽으로 인해 제한된 결과였는지, 아니면 장벽 없이 자유롭게 오갔던 결과였는지 상상해 보는 것도 흥미로울 것입니다.

신라   고구려   백제

04

우리나라에서 언제부터
축구를 했을까?

축구는 현대인이 사랑하는 스포츠입니다. 우리나라는 물론 유럽에서는 정기적으로 리그전을 치르고, 월드컵 시즌이 되면 전 세계가 축구 열풍으로 들뜨곤 합니다. 이렇게 인기 있는 스포츠인 축구를 우리나라에서는 언제부터 즐겼을까요?

우리나라 역사에서 축구와 관련된 가장 오래된 기록은 신라에서 찾아볼 수 있습니다. 당시에는 '축국蹴鞠'이라고 불렸는데, 여기서 '축蹴'은 발로 찬다는 뜻이고, '국鞠'은 공을 의미합니다. 축국 이야기의 주인공은 신라의 삼국통일에 큰 공헌을 한 김유신과 김춘추입니다. 두 사람은 스포츠를 함께 즐길 만큼 개인적으로도 친밀한 사이였고, 훗날 김유신의 여동생이 김춘추와 혼인하면서 가족관계를 맺기도 했습니다. 그리고 이 혼인이 이루어지게 된 결정적인 계기가

두 사람의 축국놀이였습니다.

김유신에게는 여동생이 두 명 있었습니다. 그중 언니인 보희가 어느 날 꿈을 꾸었는데, 산 정상에 올라 소변을 보니 그것이 온 나라에 흘러넘치는 내용이었습니다. 꿈에서 깨어난 보희는 동생 문희에게 이야기했고, 문희는 비단 치마를 주고 그 꿈을 사들였습니다.

처음 문희文姬의 언니 보희寶姬가 선도산에 올라가 오줌을 누는데 그 오줌이 수도에 가득 차는 꿈을 꾸었다. 다음 날 아침 꿈 이야기를 누이 문희에게 했더니 문희가 "제가 이 꿈을 사겠습니다"라고 하였다. 언니가 "어떤 물건을 줄 것이냐?" 하자 문희가 "비단 치마로 값을 치르면 되겠습니까?" 하니 언니가 허락하였다. 문희가 옷을 펼쳐 꿈을 받자 언니가 말하길, "어젯밤의 꿈을 너에게 전해 준다" 하였다. 동생은 비단 치마를 주고 그 꿈을 갖았다.

－『삼국유사』권 제 1-기이 「태종춘추공」, 현대어 편역

그로부터 며칠 뒤, 김유신과 김춘추가 축국을 하다가 김유신이 실수로 김춘추의 옷고름을 밟아 떨어뜨렸습니다. 두 사람은 옷고름을 다시 꿰매기 위해 근처에 있던 김유신의 집으로 갔습니다. 처음에 김유신은 두 동생 중 언니인 보희에게 김춘추의 옷고름을 꿰매 달

라고 부탁했지만, 보희는 알지 못하는 남자 곁에 가는 것을 꺼려 이를 거절했습니다. 어떤 기록에는 보희가 병으로 바느질을 할 수 없었다고도 전해집니다. 김유신은 이어 동생 문희에게 부탁했는데, 문희는 이를 흔쾌히 받아들였습니다.

이 일을 계기로 김춘추와 문희는 인연을 맺어 혼인하게 되었고, 이후 김춘추는 왕이 되었습니다. 김춘추와 문희 사이에서 태어난 다음 왕이 바로 삼국통일을 완수한 문무왕입니다.

신라의 축국은 중국에서 전래된 것으로 추측됩니다. 중국에서 행해지던 축국의 방식은 매우 다양했는데, 김유신과 김춘추가 했던 축국놀이는 옷고름을 밟아 떨어지게 할 정도였다는 점에서 몸을 부딪치는 활동적인 형태였던 것으로 보입니다. 『삼국유사』에는 이들이 오기일烏忌日(정월대보름)에 축국을 했다고 기록되어 있어, 마치 설날의 윷놀이처럼 명절에 즐기던 신라의 세시풍속이었을 것으로 해

석되기도 합니다.

그런데 축국은 신라만의 놀이가 아니었습니다. 중국 당나라 시대의 역사서 중 고구려를 설명하는 부분을 보면, 고구려의 여러 놀이 중 하나로 축국을 언급하면서 고구려 사람들이 축국을 잘한다고 기록하고 있습니다.

축국은 고대뿐 아니라 고려와 조선에까지 이어졌습니다. 조선 중기의 한문 대가 중 한 사람인 계곡 장유의 시문집에는 문신 이항복의 생애를 설명하는 대목이 있습니다. 그중 이항복의 어린 시절을 언급하며 "15세 무렵에 소년들이 즐기던 축국에서 두각을 나타내곤 했다"라는 구절이 등장합니다. 이를 통해 조선 중기까지도 축국은 어린아이들이 즐기던 대중적인 스포츠였음을 알 수 있습니다.

조선 세종 시기에는 과거 시험 중 무예를 평가하는 무과에서 축국을 평가 종목으로 포함했습니다. 같은 해에 축국에 폐단이 있다

며 이를 정지하자는 반대 의견이 제기되었지만 세종은 중국의 한나라, 당나라, 송나라, 원나라에서도 축국을 무예 연습으로 시행해 왔다며 유지하겠다는 입장을 보였습니다. 계속되는 신하들의 청에도 세종은 축국이 단순한 놀이가 아닌 무예를 익히기 위한 것이므로 폐단이 없다고 단호히 주장했습니다.

  이처럼 현대인의 많은 관심과 사랑을 받는 축구는 고대부터 조선에 이르기까지 이어져 온 스포츠이자, 무예의 한 부분이었습니다. 한때는 놀이로, 한때는 무예로 즐겼던 축구의 매력은 시대를 초월해 빛나고 있습니다.

05

첨성대 안으로는
어떻게 들어갔을까?

신라 선덕여왕 시기에 제작된 **첨성대**는 "별을 관측하는 높고 평평한 건축물"이라는 뜻을 가진 구조물입니다. 수학여행 등으로 많이 가는 곳이라서 그 모습이 꽤 익숙할 텐데, 그 모습을 보면 문이 없고, 중간에 사각형 모양의 창문만 뚫려 있습니다. 첨성대에서 별을 관측했다면 분명 사람이 그 안으로 들어가야 하지 않았을까요? 지상에 뚫린 입구도 없이 어떻게 들어갔을까요?

첨성대 실측 보고서에 따르면 첨성대는 가장 하단의 기단부 2개 단, 지표면에서 네모난 창까지 12개 단으로 이루어져 있으며, 창은 3개 단, 창 위에서부터 꼭대기까지 다시 12개 단, 가장 상부 2단의 총 31단으로 이루어져 있습니다. 특히 네모난 창 바로 아래 단, 즉 12번째 단까지는 돌과 흙으로 채워져 있었습니다. 당시 사람들은 외부에 사다리를 설치하고 이 창을 통해 내부로 들어갔을 것으로 추정됩니다. 창으로 들어가면 바로 발을 디딜 수 있었기에, 구멍으로 들어간 사람이 떨어지는 사고는 일어나지 않았던 것으로 보입니다. 또한 첨성대 안쪽을 채우던 흙이 첨성대 전체의 무게 중심을 아래로 낮추는 역할을 해서 지진과 강한 바람에도 견딜 수 있었다는 연구 결과도 있습니다.

그렇다면 중간까지는 창문으로 들어가더라도, 중간에서 꼭대기까지는 어떻게 올라갔을까요? 첨성대의 원통형 몸통 안쪽 윗부분에는 돌로 만든 막대가 네 개 단에 각각 두 개씩 평행하게 설치되어 있습니다. 19번째 단에는 지면과 평행하게 내부를 가로지르는 돌막대가 양쪽으로 두 개 걸쳐져 있고, 바로 위 20번째 단에는 이와 같은

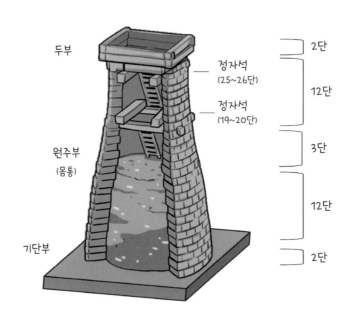

모양의 돌막대가 90도 돌아간 형태로 설치되어 있습니다. 위에서 보면 우물 정#자 모양을 이루고 있는데, 이러한 구조가 25번째와 26번째 단에서 다시 반복됩니다. 우물 정자 형태의 이 돌막대를 '정자석' 혹은 '장대석'이라고 부르며, 26번째 단의 정자석 위에는 원통형 내부 크기의 절반 정도 되는 넓적한 '판석'이 놓여 있습니다.

이 정자석의 역할에 대해 명확히 밝히는 기록은 남아 있지 않지만, 여러 가지 가능성이 제시되고 있습니다. 그중 하나는 내부에서 사람이 꼭대기까지 올라갈 수 있도록 돕는 설치물이라는 해석입니다. 첨성대 내부에 사다리를 두어 올라갔을 경우, 정자석은 사다리를 지지하는 받침 역할을 했을 뿐 아니라, 상부에 사람이 올라갔을 때 발 디딤판이나 설 수 있는 바닥을 놓는 용도로도 사용되었을 가능성이 있습니다. 또 사다리 없이 정자석을 지지대 삼아 올라갈 수

영차

있다는 의견도 있습니다. 첨성대 상부에는 단면의 반 정도를 차지하는 넓은 석판이 놓여 있으며, 그 위에 나무판을 올렸던 흔적이 발견되었습니다. 이를 바탕으로 첨성대 꼭대기, 약 1.5평 정도 되는 공간이 천문을 관측하고 해석하는 용도로 쓰였을 것으로 추정됩니다.

그런데 신라 사람들은 왜 이렇게 독특한 형태의 건축물을 지어 별을 관측했을까요? 안타깝게도 첨성대를 처음 만들었던 선덕여왕 재위 시기 기록에는 이에 대한 자세한 내용이 없습니다. 단지 "선덕여왕이 지시하여 건축했다"라는 한 줄의 기록만 남아 있을 뿐입니다. 첨성대가 천문을 관측하는 기능을 했다는 설명도 시간이 한참 흐른 조선시대 기록에 이르러서야 등장합니다.

물론 고대의 별 관측은 단순히 별의 위치와 모양을 관찰하는 것을 넘어, 이를 바탕으로 점을 치고 미래를 예측하는 의미도 담고 있었습니다. 신라 사람들이 첨성대에서 정확히 어떤 방식으로 관측

작업을 했고, 그것을 어떻게 해석했는지는 알 수 없지만, '별을 보는 높은 건축물'이라는 첨성대의 이름 자체가 그 용도를 분명히 보여 주고 있습니다.

그런데 첨성대의 용도에 대해 조금 다른 의견도 제기되고 있습니다. 첨성대가 그림자를 이용한 해시계 역할을 했다는 해석과, 불교 의식에 사용된 제단이었다는 해석, 또는 신라의 천문학 수준을 과시하기 위한 상징물이라는 해석 등 여러 의견이 존재합니다. 아무래도 첨성대 내부가 사람이 드나들기 불편하고 좁아 보인다는 점이 이러한 의견들에 힘을 실어 주었습니다. 그러나 현재까지 가장 많은 지지를 받고 있는 의견은 첨성대가 별을 관측하는 데 사용되었을 것이라는 주장입니다.

06

원효는 정말
해골 물을 마셨을까?

원효대사가 유학길에 해골 물을 마시고 깨달음을 얻었다는 일화는 너무나도 유명합니다. 해골 물 사건은 원효가 당나라 유학을 단념하고 신라로 돌아오게 된 계기가 되었고, 이후 그의 수행 방식이 완전히 바뀌었다는 점에서 많은 주목을 받습니다. 그런데 원효는 정말로 해골에 고인 썩은 물을 마셨을까요? 결론부터 말하자면 원효의 생애 전체를 한 번에 모두 기록한 자료는 남아 있지 않으며, 해골 물 사건에 관한 기록 역시 일관되지 않습니다.

원효의 생애를 다룬 자료들은 조각조각 흩어져 있는데, 해골 물 사건에 대한 기록은 크게 두 가지로 전해집니다. 그중 하나는 원효의 전기가 아니라, 원효와 함께 유학길에 올랐다고 알려진 신라의 또 다른 승려 의상의 전기입니다. 송나라 승려 찬녕이 여러 고승의 전기를 작성한 『송고승전』「의상전기」의 앞부분에 이 유학길에 대한 이야기가 등장합니다.

이야기를 보면 원효와 의상은 선진 불교를 배우기 위해 당나라로 유학을 떠나고 있었습니다. 그러나 도중에 큰 비를 만나는 바람에 길가에서 발견한 작은 토굴에 들어가 하룻밤을 묵었습니다. 그런데 다음 날 아침, 두 사람은 소스라치게 놀라게 됩니다. 어두운 밤에는 보이지 않았던 주변에는 무덤이 있었고, 그 곁에는 해골이 방치되어 있었기 때문입니다. 두 사람은 밤새 비바람을 막아 안락하게 잘 수 있게 해 주었던 곳이 사실은 뼈가 흩어져 있던 무덤가라는 것을 깨닫습니다.

하지만 그날도 계속 비가 내렸고, 땅은 진흙탕이 되어 한 걸음도 나아가기 힘들어서 두 사람은 어쩔 수 없이 그곳에서 하룻밤을 더 묵기로 했습니다. 전날에는  아무렇지 않게 잠들었던 곳인데도, 그날은 밤이 깊어가기도 전에 음산하고 귀신이 나올 것만 같은 느낌이 들었습니다. 바로 그때 원효는 깨달음을 얻습니다. 단순히 굴이라고 여겼을 때는 안락하다고 느꼈는데 무덤임을 알게 된 뒤로는 그렇지 않으니, 결국 모두 마음에서 비롯된 것임을 깨달은 것입니다. 깨달음을 얻은 원효는 당나라 유학을 포기하고 신라로 되돌아옵니다.

보다시피 이 일화에서 원효가 해골에 고인 물을 마셨다는 기록은 어디에도 없습니다. 그렇다면 원효가 해골 물을 마셨다는 이야기는 어디에서 시작된 것일까요? 비슷한 일화는 12세기 송나라의 혜홍이 저술한『임간록』에서 발견할 수 있습니다.『임간록』에도 원효의 유학 이야기가 기록되어 있는데, 이는 「의상전기」와는 내용이 다릅니다.『임간록』에서는 이 사건을 원효가 당나라에 이미 도착한 뒤, 명산의 도인을 찾아다니던 중 산길에서 겪은 일로 설명합니다. 이 기록에는 의상이 등장하지 않으며, 원효가 홀로 산길을 걷다가 밤이 깊어 무덤 사이에서 잠을 청했다고 묘사됩니다. 혼자 자던 원효는 밤중에 목이 몹시 말라 보이지 않는 굴속으로 손을 뻗어 손에 닿은 물을 마셨고, 그 물을 매우 달게 느꼈습니다. 하지만 다음 날 아침 날이 밝아오면서 그것이 해골에 고여 있던 물임을 깨닫고 큰 깨달음을 얻었습니다.

약간 서럽지만 깨달음으로 극복!

← 이미 당나라 도착함.
← 동료 없이 혼자임.
← 무덤에서 잠.
← 해골물도 마심.

『임간록』원효

흔히 알려진 원효의 해골 물 사건은 『임간록』에 기록된 내용에서 비롯된 것입니다. 그러나 앞서 확인한 것처럼 원효와 관련된 전기 기록들이 서로 일치하지 않으므로 실제로 해골 물을 마셨는지는 확실하지 않습니다. 다만 다른 자료에서도 원효의 주요 사상은 유학 길에서 깨달음을 얻고 귀국한 후 완성된 것으로 묘사되기 때문에, 해골과 관련된 충격적인 경험이 원효의 삶과 수행에 있어 매우 중요한 일화로 여겨졌음을 짐작할 수 있습니다.

한편 『송고승전』 「원효전기」에는 해골 물 일화가 적혀 있지는 않지만, 원효가 유학을 단념한 후 술집과 기생집을 다니거나 사당패에서 노래를 하기도 하는 등 승려로서는 파격적인 행동을 보였다는 서술이 있습니다. 이는 전부 마음 내키는 대로 행동한 결과로 설명되고 있고, 결국 유학을 단념하기 전 모든 것이 마음에 달려 있음을 깨쳤다는 것을 전하고 있는 것으로 보입니다.

해골물을 마셨든
안 마셨든

모든 것은 마음에
달려 있구나.

원효는 경주로 돌아와 승려의 계율에 어긋나는 행동을 하다가, 태종 무열왕의 딸 요석공주와 하룻밤을 보내기까지 합니다. 요석공주는 설총을 낳았고, 원효는 이 일로 승복을 벗고 거사가 되어 활동을 이어 갔습니다. 당시 교단의 규칙상 원효의 행동은 승려로서는 해서는 안 되는 일이었기 때문입니다.

이후 원효는 대중들과 어울리며 가장 낮은 신분의 사람들에게 불교를 가르쳤습니다. 이는 엄격한 신분제 사회였던 신라에서 국가 주도로 불교를 이끌어 온 기존의 방식과는 다른 것이었습니다. 특히 삼국 간의 치열한 전쟁으로 가장 큰 고통을 받았던 하층민을 주요 교화 대상으로 삼았다는 점에서, 원효의 활동은 통일신라 사회와 불교계에 새로운 방향을 제시했다고 볼 수 있습니다. 원효가 해골을 통해 얻은 깨달음은 이러한 변화의 시작점이 되었기에, 후대에 많은 관심을 받으며 지금까지도 유명한 일화로 전해지고 있습니다.

一切唯心造
네 마음이 곧 세상이니라

07

옛날 사람들도
강아지를 키웠을까?

    오늘날 반려견을 키우는 가정의 수는 빠르게 증가하고 있습니다. 개는 인간의 오래된 친구로 알려져 있는데, 그렇다면 한반도에선 언제부터 개를 키웠을까요? 고대 벽화를 보면서 주제의 의문을 해결해 보겠습니다.

    고대 고분벽화에는 개를 그린 그림이 상당히 많이 발견됩니다. 이들은 대부분 집 마당이나 부엌에서 사람들과 자연스럽게 어울리며 생활하는 모습으로 묘사되어 있고, 이는 당시 개들이 야생 들개가 아닌 가축이었음을 보여 줍니다. 한반도 고분벽화 중 가장 오래된 사례로 꼽히는 357년의 안악 3호분 벽화에도 개가 등장합니다. 부엌 내부와 마당이 함께 그려진 이 벽화에는 마당의 개 두 마리가 부엌 쪽으로 바짝 붙어 음식 만드는 모습을 지켜보고 있습니다.

그리고 집 안 풍경은 아니지만, 주인 있는 개의 모습도 발견할 수 있습니다. 408년의 덕흥리 벽화에는 견우와 직녀를 그린 그림이 있는데, 은하수를 사이에 두고 소를 데리고 가는 견우와 그를 바라보는 직녀가 표현되어 있고, 직녀의 곁에는 검은색 개가 함께 묘사되어 있습니다. 이 개는 들개가 아니라 주인을 따라온 직녀의 개로 해석되는데, 자세히 보면 목줄도 희미하게 그려져 있습니다.

사냥 장면을 담은 그림에도 개가 자주 등장합니다. 고구려 고분인 무용총의 유명한 벽화 수렵도에는 말을 타고 달리며 활을 쏘는 사람들 옆에 개가 함께 달리고 있습니다. 장천1호분의 사냥도에서도 마찬가지로 말을 탄 사냥꾼들 사이 곳곳에 개들이 함께 뛰어가는 모습을 볼 수 있습니다. 이를 통해 고구려 사람들이 사냥개를 데리고 사냥을 했음을 알 수 있습니다. 일부 학자들은 그림 속 개 역시 사냥감이었다고 해석하기도 하지만, 대체로 사람이 키우는 개가 주

무용총 〈수렵도〉에
등장하는 사냥개

인을 따라 사냥을 나온 것으로 보는 편입니다.

또한 고분벽화에 등장하는 개는 무덤을 지키거나 죽은 이의 영혼을 인도하는 존재로도 해석됩니다. 예를 들어 장천 1호분 벽화에는 주인 앞에서 목줄을 매고 앉아 있는 개가 묘사되어 있는데, 이는 죽은 주인의 영혼을 개가 알아보고 있는 모습으로 보고 있습니다. 비슷한 예로 무용총 벽화에는 말을 탄 사람 앞에 이를 드러내고 앉아 있는 개가 등장합니다. 이 그림에서 말을 타고 있는 사람은 무덤의 주인이고, 그 앞에 앉은 개는 주인의 영혼을 저승으로 안내하는 역할을 하는 것으로 해석됩니다.

개가 죽은 자의 영혼을 알아보고 저승으로 인도한다고 해석하는 이유는 고구려와 인접한 나라의 기록에 이와 직접적으로 연결되는 내용이 전해지기 때문입니다. 가령 고구려의 이웃 나라였던 오환의 사람들은 전쟁 중 죽는 것을 영광으로 여겨, 장례를 치를 때 노래를

부르면서 춤을 추었다고 합니다. 또한 살찐 개 한 마리에게 상여를 색색의 끈으로 묶어 끌게 했는데, 이는 개에게 죽은 사람의 영혼을 잘 인도하라는 뜻을 담고 있었습니다. 마찬가지로 고구려 고분벽화에서도 개가 이러한 역할을 했음을 보여 주는 모습이 자주 발견됩니다. 이처럼 개는 고대 삼국시대부터 이미 사람들 곁에서 중요한 존재였습니다.

한편 고대 기록 속에서 개는 신비로운 이야기의 주인공으로 자주 등장합니다. 신라 제54대 경명왕 때, 나라의 중요한 절인 사천왕사에서 절에 있던 벽화 속 개가 짖는 놀라운 일이 벌어졌습니다. 이를 진정시키기 위해 3일 동안 불경을 강설했지만, 한나절도 지나지 않아 다시 짖었다고 합니다. 그로부터 2년 뒤에는 벽화 속 개가 마당으로 뛰어나왔다가 다시 벽으로 들어가는 일까지 벌어졌다고 합니다. 물론 이는 특정 의도를 전하기 위해 지어진 이야기겠지만, 그

주인공으로 개가 선택된 것은 개가 당시 사람들에게 얼마나 친숙한 존재였는지를 보여 줍니다.

비슷한 일화로 백제가 멸망하기 직전인 의자왕 20년에는 사슴처럼 생긴 개 한 마리가 왕궁을 향해 짖자, 이어 여러 마리 개가 길가에 모여 짖고 울었다는 기록이 있습니다. 『삼국사기』에서는 이를 백제 멸망의 징조 중 하나로 소개하고 있습니다.

십이지에도 속하는 개는 현대뿐 아니라 고대부터 인간과 아주 가까이에 머물렀던 동물입니다. 오늘날처럼 집 안에서 키우지는 않았지만, 개가 사람과 함께한 흔적은 신석기시대까지 거슬러 올라갑니다. 이를 방증하듯 4~5세기 고구려 고분벽화뿐 아니라, 5~6세기 신라 고분에서 출토된 토우에서도 개의 모습이 발견됩니다. 이처럼 고대의 개는 사람들이 사는 집을 지키거나 사냥을 함께 했고 사람이 죽어서도 영혼을 안내하는 동물이었으며, 미래에 있을 일을 예견해 주기도 하는 존재로 역사 속에서 발견됩니다.

늘 함께해 줘서
고마워.

08

박물관에 전시된 커다란 금귀걸이를
진짜 귀에 걸었을까?

박물관에서 볼 수 있는 정교한 금 공예품들은 감탄을 자아내지만, 실제 사용 모습을 상상하면 의문이 생깁니다. 특히 금귀걸이들은 귀에 거는 부분의 장식이 매우 두껍고 투박해서 귀에 고정하기도 어려워 보이고, 무게도 너무 무거워서 귀가 견디기 힘들어 보입니다. 과연 진짜로 귀에 걸었을까요?

결론부터 말하자면, 고대 유물은 대부분 무덤의 부장품으로 발굴되었기 때문에 귀걸이 형태의 장신구가 실제로 귀에 착용되었는지는 확인하기 어렵습니다. 무엇보다 박물관 전시실에 전시되어 있는 묵직한 금귀걸이들은 보통 귀걸이라고 안내되어 있지만, 실제로는 귀에 착용하는 용도로 제작된 것이 아닐 수도 있습니다. 즉, 귀에 걸기 위한 장신구였을 수도, 또 다른 용도였을 수도 있으며, 한두 사례만으로 모든 귀걸이형 장신구의 용도를 단정 지을 수는 없습니다.

　가령 삼국시대 고분에서 출토된 장식품 중에는 귀걸이처럼 생겼어도 실제로는 관이나 허리띠를 장식하기 위한 용도로 만들어진 것들이 있습니다. 귀걸이도 결국 무언가를 매다는 장신구이기에, 다른 장식용 패물과 모양이 비슷할 수 있기 때문입니다. 실제로 귀걸이 모양 장신구가 시신의 머리가 아닌 발목 부근에서 발견된 경우도 있으며, 이런 이유로 연구자들은 귀걸이와 비슷한 모양의 장신구를 **이식**耳飾이라고 부르기도 합니다.

　비슷한 예로 운양동유적에서 출토된 금 장식품을 들 수 있습니다. 이 유물은 반지처럼 보이지만 고리의 내부 지름을 측정해 보니 오늘날의 반지 중 가장 작은 크기인 1호보다도 더 작았습니다. 고대인의 손가락이 현대인보다 가늘었을 가능성도 있지만, 다른 삼국시대 고분에서 나온 반지들이 오늘날과 비슷한 크기였다는 점에서, 반지가 아닌 다른 용도로 사용되었을 것으로 추정됩니다.

물론 귀에 거는 용도였음이 확실한 귀걸이 부장품도 존재합니다. 이런 경우는 발굴 당시 시신의 귀 부근에서 발견되었기 때문에 용도를 명확히 알 수 있었습니다. 특히 큰 고리에 구슬 같은 작은 장식이 달린, 일반적인 귀걸이 형태의 장신구가 머리 근처에서 적당한 간격을 두고 한 쌍으로 발견되면 대개 귀걸이로 판단합니다. 이러한 귀걸이들은 시대에 따라 다양한 양식과 제작 기법이 나타납니다.

그렇다면 귀걸이를 이렇게 무겁고 화려하게 만든 이유는 무엇일까요? 이는 고대 사회에서 신분을 드러내고 권력을 과시하기 위한 목적 때문으로 보입니다. 또한 대부분이 무덤에서 출토된 장식품들이라는 점에서 사후 관념이나 장례문화의 일환으로 볼 수도 있습니다. 귀걸이에 대한 문헌 기록이 거의 없어 정확히 판단하기는 어렵지만, 장식품은 고대 문화를 직접적으로 보여 주는 중요한 유물로 큰 가치를 지니고 있습니다.

무령왕릉에서 출토된 국보 제156호 왕의 금제 이식(좌)와
국보 157호 왕비의 금제 이식(우) ©국립공주박물관 소장

2부

보면 볼수록 흥미로운
고대 사회 이야기

고대 왕들은 왜 다
알에서 태어났다고 묘사할까?

고구려의 시조 주몽이나 신라의 시조 박혁거세 등 우리나라 고대 왕 중에는 알에서 태어났다고 전해지는 경우가 많습니다. 알에서 태어난 이들은 비범한 어린 시절을 보내고, 뛰어난 능력을 발휘하여 나라를 세웠다고 하는데, 왜 우리나라의 여러 건국 이야기에는 알에서 태어난 이야기, 즉 난생설화가 공통적으로 많이 등장할까요?

나라의 시조를 특별한 존재로 표현하는 것은 그 나라의 뿌리에 신성한 의미를 부여하여 권위를 높이는 방법 중 하나입니다. 특히 알은 전통적으로 우주와 신들의 근원을 상징하고, 세상이 만들어지기 전의 혼돈 상태를 비유하는 상징으로 사용되곤 합니다. 이는 새로운 생명의 시작이나 창조를 의미하며, 앞으로 새로운 나라를 세울 영웅의 탄생을 암시하는 시작점으로 볼 수 있습니다.

그런데 한국 고대사에서 발견되는 난생설화들은 각기 독특한 특징을 지니고 있어, 하나의 기준으로 분류하거나 설명하기가 쉽지 않습니다. 이 때문에 연구자마다 난생설화를 해석하는 시각도 다양한데, 주변국 문화의 영향을 받은 것으로 보기도 하고, 알이 지닌 생물학적 상징성을 따라 새와 관련된 토테미즘으로 설명하기도 합니다. 다만 난생설화가 한 나라의 시조를 특별한 존재로 부각함으로써 그 나라 전체에 자부심과 정체성을 심어 주는 상징적 소재로 활용되었다는 점은 대체로 공통된 의견입니다.

한국의 난생설화가 처음 연구되었을 때는 나라별 특징보다는 지역적 특징이 강조되었습니다. 영웅이 하늘에서 내려온 이야기를 '천강天降', 알에서 태어난 이야기를 '난생卵生'으로 구분하여, 천강은 북방, 난생은 남방 지역의 문화로 이해했던 것입니다. 그러나 연구의

초점은 점차 지역적 영향에서 각 나라의 건국 신화로 옮겨 갔습니다. 즉 북방식이나 남방식으로 단순히 나눌 수 있는 것이 아니라, 나라가 세워진 배경과 맥락에 따라 설화의 내용이 달라졌다고 보는 관점이 자리 잡은 것입니다.

예를 들어, 알에서 태어나 나라를 세운 인물로 흔히 거론되는 고구려의 주몽과 신라의 박혁거세의 설화를 자세히 살펴보면, '알에서 태어났다'와 '나라를 세웠다'는 공통점을 제외한 내용은 많이 다릅니다. 주몽의 탄생 설화부터 보면 그의 어머니 유화 이야기로 시작됩니다. 유화는 강의 신 하백의 딸로, 하늘에서 내려온 해모수와의 만남 이후 부모에게 버림받았습니다. 떠돌던 유화는 동부여의 금와왕에게 발견되어 방에 갇히게 되는데, 방 안으로 들어온 햇빛이 유화를 따라다니며 비추자 임신해 알을 낳았습니다.

금와왕은 이 알을 없애려 했지만 개와 돼지에게 주어도 먹지 않았고, 길에 버려도 소와 말이 밟지 않고 피해 다녔으며, 들판에 버렸

을 때는 새들이 알을 품어 주기까지 했습니다. 이후 알을 깨뜨리려는 시도도 실패하자, 금와왕은 알을 다시 유화에게 돌려주었고, 알에서 주몽이 태어났습니다. 주몽은 어릴 때부터 영특하고 비범하여 금와왕의 아들들보다 뛰어났지만, 주변의 견제와 모함을 피해 졸본으로 떠나 고구려를 세웠습니다.

반면 신라의 시조 박혁거세의 설화는 조금 다릅니다. 설화에 따르면 박혁거세는 진한의 지도자들이 나정蘿井이라는 우물 근처에서 발견한 알에서 태어났습니다. 이 알은 말 한 마리가 무릎을 꿇고 울다 떠난 자리에서 빛나고 있었는데, 알을 깨뜨리자 그 안에서 어린아이가 나왔고, 이 아이가 바로 박혁거세입니다.

『삼국유사』에는 박혁거세의 용모가 단정하고 아름다웠으며, 목욕을 시키자 몸에서 빛이 나고 새와 짐승들이 춤을 추었다고 묘사

나 탄생!

되어 있습니다. 또한 하늘과 땅이 진동하고 해와 달이 맑게 빛났던 것에서 '혁거세'라는 이름의 유래를 찾고 있습니다. 『삼국사기』는 박혁거세가 10여 세가 되자 남들보다 일찍 성인의 모습으로 성장했으며, 사람들이 이를 신비롭게 여겨 왕으로 모셨다고 기록합니다.

두 설화를 보면 모두 알에서 태어난 인물이 나라의 시조가 되었다는 공통점을 가지고 있지만, 그 차이점 역시 분명합니다. 주몽은 태어나기 전부터 어머니 유화가 많은 고난과 시련을 겪었으며, 사람이 아닌 알의 형태로 태어난 것조차 환영받지 못했습니다. 그리고 뛰어난 능력을 보여 주었음에도 주변의 시기와 질투로 인해 결국 자신이 태어난 고향을 떠나야 했고, 타지에서 고구려를 세웠습니다. 반면 박혁거세는 알이 발견된 순간부터 상서로운 인물로 여겨졌으며, 귀하게 성장하여 사람들의 존경을 받으며 자연스럽게 그

지역의 지도자가 되었습니다.

두 설화의 차이는 북방계와 남방계의 차이로 해석되기도 하지만, 위력을 발휘해야 했던 지역과 여러 세력을 통합해야 했던 지역의 상황적 필요에서 비롯된 차이로도 해석할 수 있습니다. 즉 고구려는 기존 세력을 정복해야 하는 상황에서 건국되었기에, 시련을 겪고 이를 극복하며 영웅으로 성장하는 주인공의 이야기가 건국 설화로 강조되었습니다. 반면 신라는 기존 세력이 외부에서 들어온 세력을 받아들여 더 강력한 국가를 형성하려 했습니다. 기존 세력의 지도자들이 새롭게 나타난 혁거세를 맞이해서 왕으로 추대했다는 설화가 전해지는 것은 이러한 맥락이 반영된 것일 수 있습니다.

한편 신라에서는 시조가 아닌 인물에게서도 난생설화가 발견됩니다. 바로 탈해왕이라고도 하는 석탈해의 이야기입니다. 그 내용을

보면 어느 날 바닷가에 큰 상자를 실은 배가 도착했는데, 상자를 열어 보니 그 안에 사내아이가 일곱 가지 보물과 노비들이 함께 들어 있었습니다. 사람들이 아이를 범상치 않게 여겨 7일 동안 대접하자, 아이는 자신이 용왕의 후손이며, 알로 태어나자 좋지 않은 일로 여겨져서 배에 실려 보내졌다고 말했습니다.

학자들은 석탈해 설화를 유입된 외래 세력이 정착하고 발전을 이룬 과정으로 해석합니다. 이 세력을 북방세력이나 해양세력 등으로 이해하는 것과는 별개로, 알에서 태어났다는 이야기를 추가한 것은 나라를 세운 시조뿐만 아니라 신라의 발전을 이끈 중요한 시점을 신성한 역사로 표현하려는 의도가 담겨 있다고 볼 수 있습니다.

10

삼국시대에도
투표가 있었을까?

오늘날 투표는 국민의 의견을 정부에 전달할 수 있는 중요한 권리를 보장하는 제도이자, 민주주의를 대표하는 핵심적인 행위 중 하나입니다. 그렇다면 민주주의가 확립되기 훨씬 이전인 삼국시대에는 어땠을까요? 삼국시대에도 투표가 있었을까요?

오늘날처럼 모든 국민에게 보편적으로 투표권이 보장되지는 않았지만, 삼국시대에도 소수의 인원이 투표에 참여해 정책을 결정하는 제도가 존재했습니다. 다만 삼국시대의 정치는 일반 백성이 아닌, 국가의 중심이 되는 핵심 귀족 가문들에 의해 이루어졌습니다. 귀족 가문들이 모여 국정을 논하는 회의를 귀족회의체라고 부르는데, 그중 백제의 귀족회의체에서 투표 방식으로 의사를 결정한 기록이 남아 있습니다.

『삼국유사』에 따르면 백제는 재상을 뽑을 때 특이한 방식을 사용했다고 합니다. 그 방식을 보면 후보자 3~4명의 이름을 적은 종이를 상자에 넣고 봉한 후, 오늘날의 충청남도 부여군에 위치했다고 전해지는 호암사의 **정사암**政事嵓이라는 바위 위에 올려놓습니다. 그리고 일정 시간이 지난 후 상자를 열어 본 뒤, 그 안의 종이 중 도장이 찍힌 자국이 있는 사람을 재상으로 결정했습니다.

사실 이 기록은 실제로 사람들이 모여 투표를 했다는 정확한 행위를 묘사했다기보다는 의례적 행위를 묘사한 것으로 보입니다. 백제 정치사를 연구하는 학자들은 정사암에서의 행위를 투표보다는 신성성에 관련된 의식으로 해석하기도 합니다. 그러니까 백제의 귀족회의체는 재상 선출과 같은 중요한 국가의 일을 특별한 장소에서 논의했고, 그때마다 일정한 의식을 치름으로써 백제 정치의 신성한 의례적 성격을 보여 줬다는 것입니다.

그렇지만 왕이나 개인이 대표를 마음대로 지정하는 방식이 아니라 여러 후보자 중 한 명을 선발했다는 점과 이름이 적힌 종이에 찍힌 도장 자국으로 당선자를 결정했다는 점은 오늘날의 투표를 떠올리게 하며, 그 자체로 흥미롭고 재미있는 요소입니다.

당시 백제의 귀족회의는 주로 **좌평**佐平이라는 관직을 맡은 사람들에 의해 이루어졌습니다. 정사암에서의 투표가 정확히 어느 시기에 이루어졌는지 알 수 없지만, 재상을 선발하는 방식이 투표였다고하니, 좌평 제도의 등장 시점과 관련이 있을 것으로 추정됩니다. 좌평은 백제 제8대 왕인 고이왕 재위기에 설치되었으며, 총 6개의 좌평을 두어 6좌평제라고도 불렸습니다. 이후, 백제 제18대 왕 전지왕 때부터는 좌평들을 아우르는 관직인 상좌평이 등장하게 됩니다.

그리고 백제의 마지막 왕인 의자왕 때에도 좌평 제도에 큰 변화

관등명	업무
내신좌평內臣佐平	왕명 전달
내두좌평內頭佐平	국고와 나라의 재정 관리
내법좌평內法佐平	의례와 외교 등 국가 행사와 예법 담당
위사좌평衛士佐平	왕실 호위와 수도의 방위
조정좌평朝廷佐平	범죄자 처벌과 송사 담당
병관좌평兵官佐平	지방 군사와 관련된 일

백제 6좌평제

가 있었습니다. 기록에 따르면 의자왕은 향락에 빠져 정사를 돌보지 않고 술만 마셨는데, 당시 좌평이었던 성충이 간언을 하다가 왕의 분노를 사서 감옥에 갇히게 됩니다. 성충은 죽기 직전까지도 글을 올려 왕에게 충언했지만 모두 무시당했고, 결국 감옥에서 굶주려 죽었습니다. 그가 죽은 이듬해에 의자왕은 자신의 서자 41명을 모두 좌평으로 임명하는데, 백제의 패망 이후 기록된 역사라는 점을 감안해도 귀족회의를 주도했던 좌평을 이처럼 가볍게 임명한 것은 국운에도 영향을 미쳤을 것입니다.

신라와 고구려의 간접민주주의

신라는 화백회의라는 귀족회의체를 통해 국정을 운영했습니다. 귀족 세력을 대표하는 상대등上大等이 의장을 맡아 회의를 이끌었는데, 화백회의의 가장 큰 특징은 만장일치제였습니다. 회의 참가자 중 단 한 사람이라도 반대 의견을 내면 회의를 더 이상 진행하지 못하고 중단했다고 합니다.

고구려는 왕과 5부의 수장들인 제가諸加들이 모여 국정을 논의하는 제가회의를 열었습니다. 제가들의 대표는 대대로大對盧라 불렸으며, 3년의 임기 동안 서로의 입장을 조율하며 나라를 운영했습니다. 제가회의는 왕을 포함한 권력가들이 서로를 견제하는 역할을 했고, 이 회의에서 합의된 사항은 왕도 반드시 존중해야 했습니다.

11

삼한은 왜 범죄자를 체포하러 들어갈 수 없는 곳을 만들었을까?

오늘날에는 범죄자가 도망치면 경찰이 체포영장을 발부받아 들어가서 체포할 수 있고, 현행범일 경우엔 영장이 없어도 체포할 수 있습니다. 그런데 우리 역사에는 범죄자가 도망쳐 숨어 있어도 국가에서 함부로 들어가 잡을 수 없었던 특별한 장소가 존재했습니다. 바로 고구려, 백제, 신라의 삼국이 건국되기 이전에 존재했던 삼한의 **소도**蘇塗라는 공간입니다. 그렇다면 삼한 사회는 왜 소도를 만들었을까요?

삼한은 중국 역사서에 처음 등장하는 용어입니다. 중국『후한서』의 「동이열전」에는 '한'이라는 제목의 항목이 있고, "한에는 세 종족이 있으니, 마한, 진한, 변진을 의미한다"라고 기록되어 있습니다. 그리고 고려시대에 편찬된 역사서『삼국사기』에는 고려 사람들이 삼한을 삼국의 전신으로 생각했다는 것을 암시하는 기록도 있습니다. 삼한 시대의 사회상은『삼국지』「위서」동이전의 '한' 항목에서 다루고 있으며, 여기서 소도에 관한 내용이 등장합니다.

[삼한에서는] 귀신을 믿는다. 국읍에 각기 한 사람씩을 세워서 천신의 제사를 주관하게 하는데, 이를 '천군天君'이라고 부른다. 또한 여러 국國에는 각각 별읍이 있으니 이를 '소도蘇塗'라고 한다. [그곳에] 큰 나무를 세워 방울과 북을 매달아 귀신을 섬긴다.

- 『삼국지』「위서」동이전, 한

『삼국지』에 따르면 삼한에는 소도라는 특별한 장소가 존재했습니다. 소도에는 큰 나무를 세우고 그 위에 방울과 북을 매달아 귀신을 섬겼다고 전해집니다.『삼국지』는 삼한 사람들이 소도로 도망쳐 온 죄인들을 절대로 돌려보내지 않았기 때문에 삼한인들이 도둑질을 좋아하게 되었다고 기록하면서, 이는 원래 불교에서 소도를 만든 목적과는 맞지 않는 부작용이라고도 덧붙입니다.

소도에 대한 이 기록은 짧지만 중요한 의미를 담고 있어서 여러 방면에서 연구가 진행되었습니다.『삼국지』에 따르면 삼한은 각국의 도읍에 지도자가 존재했지만 중앙의 통제력이 강하지 않았습니다. 사람들이 여러 마을에 흩어져 살았기 때문에 한꺼번에 다스리기 어려웠던 것입니다. 이런 상황에서 각 읍은 독자적으로 사람들을 다스렸던 것으로 보이는데, 초기 연구자들은 이러한 배경을 토대로 소도가 읍락 간의 경계를 표시하고 수호신을 모시던 곳으로 추측했습니다.

또한 『삼국지』의 소도에 관한 이야기가 삼한의 농경의례를 설명하는 내용 바로 뒤에 나오는 점에 주목하여, 소도가 삼한의 천군이 있던 곳이자 봄과 가을마다 농경의례를 치르던 장소로 해석하기도 합니다. 각 읍락에서 개별적으로 행해지던 제사를 하나로 묶어 거행했던 것으로 보는 해석도 있습니다.

이 외에도 소도가 불교의 영향을 받아 만들어진 공간이라는 기록 때문에, 종교적인 예배 장소로 해석하기도 합니다. 소도가 일반 거주 지역과는 분명히 구별되었다는 점, 북과 방울을 매달아 귀신을 섬기는 모습이 나타나기도 했다는 점, 그리고 이곳이 신성한 지역

으로 여겨졌다는 점 등은 이 해석을 뒷받침합니다. 또 이 설을 지지하는 연구자들은 소도에서 개인이 복을 비는 것은 물론, 공동체 전체를 위한 큰 종교 행사도 열렸을 것으로 보고 있습니다. 특히 소도에서 발견된 방울은 청동기 문화 이후에 토착 신앙이 계승되었음을 보여 줍니다. 이 관점에서 소도는 원시 신앙이 다음 단계의 종교 문화로 변해 가는 과정을 보여 주는 중요한 사례라고 할 수 있습니다.

소도는 신라 사람들에게도 연구의 대상이었습니다. 신라 말기의 학자 최치원은 문경 봉암사의 지증대사탑비 비문에서 소도 의식을 불교 제사의 하나로 해석하며, 백제 불교가 전래된 사례로 제시하기도 했습니다. 이처럼 우리 역사 속에 잠시 존재했다가 사라진 문화의 한 조각이, 당시 사회를 이해하는 데 귀중한 자료가 되고 있습니다.

2024년에 전남 해남군에서 발견된 마한의 5~6세기 제사 유적.
소도의 발전된 형태로 추정된다. ⓒ국가유산청

소도를 지키는 신비한 나무 새, 솟대

솟대는 소도와 같은 신성한 장소에 세워졌던 나무나 돌로 만든 긴 장대입니다. 장대의 꼭대기에는 주로 새 모양의 조각이 올려져 있었는데, 당시 새는 하늘과 땅을 연결하는 신성한 존재로 여겨졌습니다. 그래서 솟대는 소도의 경계를 표시하는 표지이자, 소도의 신성함을 지키는 상징적인 역할을 했습니다.

이러한 솟대는 삼한뿐만 아니라 이후 한국의 여러 지역에서도 신성한 장소에 세워졌습니다. 오늘날에도 한국의 농촌이나 특정 민속 행사에서 솟대를 볼 수 있으며, 이는 여전히 신성함과 공동체의 안녕을 기원하는 상징으로 남아 있습니다.

12

연개소문의 이름은
개소문일까, 소문일까?

연개소문은 고구려의 장수로 널리 알려진 인물입니다. 그런데 그의 이름이 네 글자라서, 성이 '연'이고 이름이 '개소문'인지, 아니면 '연개'가 성이고 이름이 '소문'인지 궁금증이 생깁니다. 결론부터 말하자면, 연개소문은 연淵씨 성을 가진 '개소문'입니다. 그런데 흥미로운 점은, 현재 중국에 남아 있는 연개소문의 아들과 손자들의 묘지명에는 그들의 성이 '천泉'씨로 표기되어 있다는 것입니다. 또한 『삼국사기』도 연개소문 가문을 천씨라고 표기하고 있습니다. 그렇다면 연개소문의 진짜 이름은 무엇이며, 왜 기록마다 조금씩 다르게 표기되어 있을까요?

연개소문의 성이 천씨가 아닌 연씨라는 사실은 조선의 실학자 안정복이 쓴 역사서인 『동사강목東史綱目』에서 확인할 수 있습니다. 안정복은 신라의 기록을 근거로 연개소문의 본래 성이 연씨였으나, 당나라 사람들이 천씨로 바꿔 썼다고 전합니다. 신라의 기록에는 "고구려의 귀신 '연정토'가 내려왔다"라는 내용이 등장하는데, 이는 연개소문이 신라를 공격한 사건을 설명하는 부분으로 추정됩니다. 안정복은 다른 기록에서 '연정토'가 연개소문의 동생으로 언급된 점을 들어 이들 형제의 성이 연씨임이 분명하다고 주장했습니다.

나아가 안정복은 『삼국사기』에서 연씨가 아닌 천씨로 기록된 이유는 당나라 황제 고조高祖의 이름을 피하기 위해서라고 설명합니다. 당시 황제나 왕의 이름에 사용된 한자는 민간에서 사용하지 못했고, 문서에서도 그 한자를 피해 다른 한자를 사용했습니다. 즉 당나라 고조의 이름이 연淵이었기 때문에, 연개소문에 대한 기록에서도 그의 성을 그대로 쓰지 못했다는 것입니다. 이는 『삼국사기』가 당나라 기록을 모아 만든 것임을 나타내며, 당나라의 풍습인 황제

이름을 피하는 관습을 그대로 반영한 결과라고 할 수 있습니다.

그런데 앞서 오늘날 중국에 남아 있는 연개소문의 아들과 손자들의 묘지명이 전해지고 있으며, 그 묘지명에서도 이들의 성이 천씨로 기록되어 있다고 설명했습니다. 고구려에서 대대로 고위직을 맡았던 가문 사람들이 왜 당나라로 가서 살면서 성을 바꾸고, 그 성으로 묘지명을 남겼을까요?

이를 이해하기 위해서는 연개소문과 그의 아들들, 그리고 고구려 멸망 사이의 관계에 대해 알아야 합니다. 연개소문은 할아버지와 아버지 모두 고위직인 막리지莫離支를 지낸 명문가 출신으로, 본인 역시 아버지의 지위를 이어받았습니다. 과거 연개소문은 반란을 일으켜 왕을 바꾼 적이 있는데, 기록에 따르면 당시 고구려의 왕이었던 영류왕과 신하들이 연개소문을 제거하려 했던 계획이 누설된 것이 원인이었다고 합니다. 이는 당시 연개소문의 정치적 영향력이

막리지 가문 출신

매우 컸고, 왕조차도 그의 세력을 경계했음을 짐작하게 합니다. 물론 실제 진상은 정확히 알 수 없지만, 이 사건으로 인해 연개소문이 더 큰 위세를 떨치게 된 것은 분명합니다. 어쨌든 연개소문은 반란을 일으킨 후 보장왕을 새 왕으로 세운 뒤, 사실상 국정을 좌우했다고 전해집니다.

[연개소문은] [영류]왕의 동생의 아들 보장왕을 왕으로 세우고, 스스로 막리지가 되었다. 막리지란 당나라의 병부상서 겸 중서령의 직임과 같다. 이에 전국을 호령하였고, 나랏일을 마음대로 하였다.

－『삼국사기』권49 열전9 「개소문」 기사 중 발췌 인용

연개소문은 주변국들에 잘 알려진 뛰어난 무장이기도 했습니다. 그는 군대를 이끌고 자주 전투에 참여하며, 인근 나라들과 갈등을 겪었습니다. 이로 인해 주변국들과의 의견 충돌이 잦았고, 당나라와도 마찰을 빚었습니다. 예를 들어, 고구려와 백제가 연합해 신라를 공격했을 때 신라는 당나라에 도움을 요청했습니다. 이에 당 태종은 고구려가 신라를 공격하면 다음 해에 당나라에서 고구려를 토벌할 것이라고 사신을 보내 으름장을 놓았습니다. 그러나 연개소문은 당나라의 요구를 거절하며, 과거 수나라가 고구려를 침략했을 때

신라가 고구려의 땅을 빼앗은 원한을 갚기 위해 공격을 감행할 것이라고 답했습니다. 당 태종은 분노하여 다시 사신을 보냈지만, 연개소문은 이 사신을 굴방에 가두기까지 했습니다.

물론 연개소문이 항상 외부에 강경한 태도만을 보인 것은 아니었습니다. 그러나 그가 정국을 장악했던 시기는 개인에게 권력이 과도하게 집중된 상태였고, 그의 절대적인 권력은 자연스럽게 대외 관계에도 반영되었습니다.

하지만 연개소문이 죽고 그의 아들 연남생이 막리지 자리에 오르자 상황은 크게 달라졌습니다. 연남생에게는 연남건과 연남산이라는 두 동생이 있었는데, 연남생이 지방을 돌며 살피는 동안 두 동생이 대신 나랏일을 맡았습니다. 그러던 중 누군가가 형제들 사이를 이간질하여, 남생에게는 동생들이 자신을 제거하려 한다고, 동생들에게는 남생이 그들을 제거하려 한다고 전했습니다. 연남생은 상황

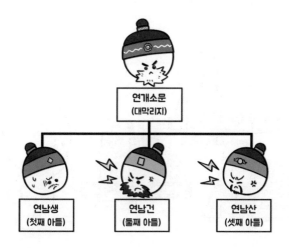

을 파악하기 위해 비밀리에 수도로 첩자를 보냈으나, 동생들이 이를 붙잡아 버렸습니다. 결국 연남생은 고구려를 떠나 당나라로 망명하게 되었습니다.

당나라로 망명한 연남생은 당나라의 관직을 받고 공을 세웠습니다. 그중의 하나가 고구려의 수도 평양을 공격해 고국의 왕인 보장왕을 사로잡은 것인데, 보장왕과 연남산은 당나라 군사에 항복했으나, 연남건은 끝까지 저항했습니다. 결국 평양성이 함락되었고, 이로 인해 고구려는 멸망하게 되었습니다.

이후 연남생과 그의 아들은 당나라에서 공을 인정받아 작위를 받고 살았습니다. 연남생은 고구려 유민들이 많이 사는 요동 지방의 민심을 수습하기 위해 안동도호부에 파견되어 그곳에서 일하다 사망했습니다. 그리고 그의 아들 연헌성은 뇌물을 받았다는 누명을 쓰고 자결했으나, 후에 결백이 밝혀져 복권되었습니다.

이후 연남생, 연헌성, 연남산 세 사람의 묘지가 중국에서 발견되었

는데, 묘지명에는 당나라의 관례에 따라 그들의 성이 여전히 천씨로 기록되어 있습니다. 또한 연개소문 가문의 계보와 함께, 연남생과 연헌성이 당나라에 귀순한 경위와 이후의 행적도 상세히 남아 있습니다. 당나라 입장에서는 이들이 고구려 정복에 결정적인 공을 세운 위인들이었기에, 묘지명에는 이들을 찬양하는 내용이 가득합니다.

그러나 삼국을 모두 우리 역사로 바라보는 후대의 사관들은 이들을 다르게 평가하기도 합니다. 『삼국사기』는 연남생과 그의 아들 연헌성에 대해, 당나라 황실에서는 좋은 말을 들었지만 우리나라 입장에서는 반역자라고 기록했습니다. 대대로 고구려를 이끌어 온 가문 출신이 형제간 권력 다툼에서 밀려나 적국으로 망명하였고, 적국의 장군이 되어 조국을 멸망에 이르게 한 이야기가 달갑지 않게 여겨진 것입니다. 이처럼 한 인물에 대한 평가는 역사가의 입장과 시대적 상황에 따라 달라질 수 있습니다.

13

왜 백제에만 비범한
건국 설화가 없을까?

고구려는 시조 주몽이 알에서 태어나 어린 시절부터 비범한 활솜씨를 보였으며, 태어난 나라에서 쫓기듯 떠나와 온갖 시련을 극복하고 마침내 고구려를 세웠다는 건국 설화가 있습니다. 신라 역시 알에서 태어난 혁거세의 건국 설화가 있습니다. 그런데 이 두 나라와는 달리 백제에는 비범한 건국 설화가 존재하지 않습니다. 이유가 뭘까요?

백제에는 비범한 건국 설화 대신 시조로 전해지는 인물이 여러명 존재합니다. 다시 말해 건국 설화가 다양한 버전으로 전해지고 있는 것인데, 『삼국사기』에도 백제의 시조에 관한 여러 설화가 기록되어 있습니다. 이들 설화에 등장하는 인물들은 대체로 비슷하지만, 설화마다 백제의 진정한 시조로 여겨지는 중심인물이 다릅니다.

우리에게 가장 익숙하고 『삼국사기』에서 주류로 채택하고 있는 백제의 시조는 온조입니다. 이 설화에서 온조는 고구려의 시조 주몽의 아들로 등장합니다. 온조왕 설화에 따르면, 주몽은 원래 북부여에서 살다가 그곳을 떠나 졸본부여에 이르렀는데, 졸본부여의 왕은 주몽의 비범함을 알아보고 자신의 둘째 딸과 결혼시켰다고 합니다. 얼마 후 졸본부여의 왕이 죽자 주몽이 왕위를 이어받았습니다.

주몽은 졸본부여에서 맞이한 아내 사이에서 두 아들인 비류와 온조를 낳았습니다. 그러나 비류와 온조는 주몽의 또 다른 아들인 유리가 찾아와 태자가 되면서 왕위를 이어받지 못하고 길을 떠나야 했습니다. 유리가 태어난 배경을 보면 북부여를 떠나기 전 주몽에게는 이미 임신한 부인이 있었는데, 급히 떠나야 했던 주몽은 부인에게 증표를 맡기고 길을 나섭니다. 후에 그 부인에게서 태어난 아들이 자라 증표를 가지고 주몽을 찾아오자 주몽은 이 아들을 태자

로 삼았고, 이 아들이 바로 고구려의 두 번째 왕인 유리왕입니다.

유리가 태자의 자리에 오르자, 비류와 온조는 신하 10명을 이끌고 새로운 터전을 찾아 나섰습니다. 이들은 오늘날의 북한산 일대에 도착해 터전을 찾기 위해 둘러보았고, 신하들은 서울 지역이 도읍으로 적합하다고 간언했습니다. 온조는 신하들의 간언을 받아들여 한강 남쪽의 위례성에 도읍을 정했지만, 비류는 이 의견을 듣지 않고 오늘날의 인천 지역인 미추홀로 향했습니다.

시간이 지난 뒤, 비류는 미추홀의 땅이 너무 습하고 물이 짜서 편히 살기 어렵다는 것을 알아차립니다. 그러고는 온조가 터를 잡은 위례성으로 와서 살펴보았는데, 위례성의 도읍은 안정되어 있었고 백성들이 모두 편안하게 살고 있었습니다. 이 모습을 본 비류는 고집을 부려 백성들을 살기 힘들게 만든 것에 부끄러워하며 세상을 떠났습니다. 이후 비류의 백성들이 위례성으로 합류했고, 백성들이

즐겁게 따랐다고 하여 국호를 '백제'로 하였다고 합니다.

한편 비류와 온조 중 비류가 왕이 되었다는 설화도 전해집니다. 이 설화에서도 비류와 온조는 형제로 등장하지만, 그 아버지가 주몽이 아닌 북부여 왕의 손자인 우태로 전해집니다. 주몽 설화에서 비류와 온조를 낳았다고 전해지는 소서노는 이 설화에서 우태와 만나 비류와 온조를 낳고, 우태가 사망한 후에 북부여에서 온 주몽을 만났다고 전해집니다. 주몽은 비류와 온조를 친자식처럼 대했지만, 그의 친아들 유리가 찾아오자 비류와 온조가 위기의식을 느끼고 고구려를 떠나 백제 지역에 자리를 잡았습니다.

비류왕 설화의 주인공은 비류이기 때문에, 백제를 세운 곳이 미추홀로 기록되어 있습니다. 큰 틀에서는 비슷한 이야기지만, 형제의 아버지가 다르고 백제를 세운 곳이 위례성이 아닌 비류가 선택한 미추홀이라는 점에서 차이가 있습니다. 『삼국사기』는 여러 설화를

소개하면서 이 중 어느 것이 옳은지 알 수 없다고 기록합니다. 그러나 백제의 역사를 다룬 「백제본기」에서는 온조왕을 시조라고 하고 그 내용을 가장 먼저, 자세히 서술한 것으로 보아, 온조왕 설화를 가장 중시한 것으로 보입니다.

정리하자면 백제의 건국 설화는 고구려나 신라의 건국 설화처럼 시조가 알에서 태어났다거나 비범한 능력을 보였다는 등의 신비한 사건을 다루고 있지는 않습니다. 그러나 왕의 아들로 태어났지만 후계자 자리를 잃고 새로운 땅을 찾아 새로운 나라를 세웠다는 결코 폄하할 수 없는 인간적인 설화를 가지고 있습니다. 오히려 비범한 능력 없이 인간 본연의 힘으로 나라를 세웠다는 사실이 더 대단하게 느껴지기도 합니다. 아마도 백제 사람들은 온조왕 설화 자체만으로도 충분한 자부심을 느꼈기 때문에, 다른 신비한 사건으로 각색하지 않았을지도 모릅니다.

많은 걸 잃었지만 맨땅에서 다시 모든 걸 일굼.

14

남성 중심 사회였던 고대에
신라 여왕은 어떤 대우를 받았을까?

한국사를 통틀어 여왕의 존재는 오직 신라에서만 찾아볼 수 있습니다. 선덕여왕, 진덕여왕, 진성여왕 세 명이 여성으로서 왕위에 올랐는데, 선덕여왕이 즉위할 당시 신라보다 선진 문화를 갖췄던 국가인 중국에서도 여성이 통치자가 된 사례는 없었습니다. 그렇다면 여왕들이 왕위에 오르며 겪어야 했던 어려움은 없었을까요?

여왕이 세 명이나 즉위한 신라에서도 처음 여성이 왕위에 오른 당시에는 많은 어려움이 있던 것으로 보입니다. 최초의 여왕인 선덕여왕 대에 비담과 염종이 반란을 일으켰는데, 『삼국사기』에 따르면 이들은 "여자 임금은 나라를 잘 다스릴 수 없다"라는 명분을 내세웠다고 합니다. 이 반란이 실제로 여성 통치자를 반대하기 위한 것이었는지는 정확히 알 수 없지만, 당시 신라 사회에 여성 왕이라는 존재가 쉽게 받아들여지지 않았음을 알 수 있습니다.

그리고 신라가 백제와 고구려로부터 잦은 공격을 받던 시기, 선덕여왕이 당나라 태종에게 병력을 요청했을 때에도 여성 왕이라는 점이 문제가 되었습니다. 도움을 청하는 신라 사신에게 당 태종이 제안한 세 가지 방안 중 하나는, 황제의 종친을 신라로 보내 여왕 대신 신라의 왕으로 삼는 것이었습니다. 당 태종은 신라가 여성을 임금으로 삼아 이웃 나라의 조롱을 받고 있으며, 임금의 도리를 잃어버려 나라에 도둑을 불러들였다고 탓했습니다. 이 제안이 실제로 실행되지는 않았지만, 이 일화는 선덕여왕이 자신의 정당성을 끊임없이 입증해야 했던 당시의 시대적 분위기를 잘 보여 줍니다.

이러한 상황에서 선덕여왕이 취한 방법은 특별한 능력을 보여 자신이 왕위에 적합한 인물임을 증명하는 것이었습니다. 『삼국유사』에는 선덕여왕이 보여 준 세 가지 신비로운 일화가 기록되어 있는

흥

여자가 왕이라니
주변 나라가 비웃겠다!

데, 그중 가장 널리 알려진 것이 향기 없는 모란꽃 이야기입니다.

어느 날 당 태종이 선덕여왕에게 모란꽃 그림과 씨앗을 보내왔습니다. 선덕여왕은 그림을 보자마자 꽃에 향기가 없을 것이라 예측했고, 꽃이 피자 정말로 향기가 없었습니다. 여왕은 그림에 나비가 없는 것을 보고 꽃에 향기가 없음을 알았다고 설명하며, 이는 당 태종이 자신에게 배필이 없음을 조롱한 것이라 해석했습니다. 참고로 이 일화가 훗날 선덕여왕이 즉위 후 처음 세운 사찰인 분황사의 이름에 영향을 미쳤다는 해석도 있습니다. '분황사芬皇寺'라는 이름을 풀이해 보면 "향기로운 여왕의 절"이라는 뜻입니다.

선덕여왕의 세 가지 일화 중 두 번째는 영묘사의 옥문지 연못과 관련된 이야기입니다. 한겨울임에도 연못에서 며칠간 개구리 울음소리가 들리자, 이 소식을 전해 들은 선덕여왕은 매복해 있던 백제 군사들의 위치를 알아냈다고 합니다.

세 번째 이야기는 선덕여왕이 자신이 죽을 날짜를 예언하며, 자신을 낭산 남쪽의 '도리천'에 묻어 달라고 말한 일화입니다. 도리천이 어디인지 몰랐던 신하들이 여왕에게 그 위치를 물었는데, 선덕여왕은 낭산이라는 산의 남쪽이라고 답했습니다. 이후 선덕여왕은 자신이 예언한 그날 세상을 떠났고, 낭산 남쪽에 묻혔습니다. 10년 뒤, 문무왕이 선덕여왕의 무덤 아래에 '사천왕사'라는 사찰을 지었는데, 불교 설화에 따르면 사천왕천의 위에 도리천이 위치해 있다고 전해집니다. 이로 인해 사람들은 선덕여왕의 예언이 실현되었음을 그제야 깨달았다고 합니다.

이처럼 선덕여왕이 사물의 숨은 뜻을 알아내고 미래를 예견한 세 가지 일화는 여왕의 비범한 능력을 부각하려는 의도를 담고 있습니다. 동시에 여성 군주였던 선덕여왕이 자신의 왕위 정당성을 끊임없이 증명해야 했던 시대적 상황을 반영하기도 합니다.

그 시대에 최초의 여왕으로서 여러 어려움이 있었겠지만, 선덕여왕의 선례는 이후 진덕여왕과 진성여왕의 즉위에도 긍정적인 영향을 미쳤을 것으로 보입니다. 선덕여왕의 뒤를 이어 즉위한 진덕여왕의 치세에는 신이한 일화나 당나라의 조롱 같은 사건이 기록되지 않았기에 실제로 차별적인 시선이 완전히 사라졌는지는 알 수 없으나, 선덕여왕의 전례가 진덕여왕의 즉위를 더 수월하게 만들었으리라 짐작됩니다. 그리고 다음 여왕인 진성여왕은 두 여왕의 시대로부터 오랜 시간이 지난 뒤에 즉위했지만, 마찬가지로 이러한 선례들이 시간이 흐른 뒤에도 다시 여왕이 즉위할 수 있었던 중요한 바탕이 되었을 것입니다.

15

통일신라 사람들은 서로를
같은 나라 사람이라고 생각했을까?

고구려, 백제, 신라가 서로 견제하며 공존하던 삼국시대는 신라가 백제와 고구려를 차례로 멸망시키며 끝이 나고, 이른바 통일신라 시대가 열렸습니다. 그런데 과연 멸망한 고구려, 백제 출신 사람들과 그들을 멸망시킨 신라 사람들은 서로를 같은 나라 사람이라고 생각했을까요?

먼저 역사 기록을 남긴 지배층, 즉 전쟁에서 승리한 신라 왕실과 고위 가문들은 삼국을 하나로 통합했다는 자부심을 가질 수밖에 없었습니다. 이들은 삼국이 본래 하나였으나 그동안 분열되어 있던 것을 신라가 바로잡았다고 거듭 주장했습니다. 삼국이 하나라는 인식이 원래부터 신라 사회에 있었는지에 대해서는 학계에 의견이 분분하지만, 적어도 삼국 통일 이후 지배층이 고구려, 백제, 신라가

'원래부터' 한 나라였다는 점을 강조했음은 분명합니다.

그러나 피지배층의 입장은 달랐습니다. 신라 지배층은 통합된 영토를 관리하기 위해 행정단위를 다시 설정하는 등 행정 체계를 정비했지만, 강제로 복속된 백제와 고구려 출신 사람들은 여전히 자신의 출신을 잊지 않았던 것으로 보입니다. 그 모습을 통일 전쟁이 마무리된 이후에 발생했던 항쟁들을 통해 엿볼 수 있으며, 그중 하나가 신문왕 4년에 발생한 '대문의 난'입니다.

삼국 통일 이후 9년 후에 고구려 출신 장수 대문이 일으킨 난의 발생 과정은 다음과 같습니다. 고구려 멸망 이후 고구려 장수였던 검모잠은 왕족 안승을 고구려 왕으로 추대하여 고구려를 부흥하려 했습니다. 검모잠은 신라에 사람을 보내 이 사실을 전하며, 변방에서 신라를 수호하는 조건으로 멸망한 고구려를 잇도록 허락해 달라고 요청했습니다. 그가 신라를 대국으로 칭하면서 허락을 구하자, 신라 문무왕은 오늘날의 익산 지역인 금마저를 내어 주고, 안승을

왕 하게.

왕 감사.

고구려 왕으로 임명합니다.

고구려 왕으로 책봉하기까지 했습니다.

검모잠이 신라에 슬피 고하기를, "멸망한 나라를 일으키고, 끊어진 세대를 이어 주는 것은 천하의 의이니, 대국에 이를 바랄 뿐입니다. 우리의 선왕은 도리를 잃어서 멸망당하였지만, 지금 신 등이 귀족 안승을 받들어 임금으로 삼았습니다. 원컨대 번병藩屛이 되어 영원토록 충성을 다하고자 합니다"라고 하였다. 왕이 그들을 나라 서쪽 금마저에 정착하게 하였다.

－『삼국사기』, 「신라본기」 수정 인용

신라가 힘들게 정복한 고구려를 다시 부흥시키려 하는 사람을 왕으로 책봉한 것이 의아하게 생각될 수 있습니다. 그러나 당시 고구려는 이제 막 통합된 상태였고, 신라는 무리하게 신라인의 정체성을 강요하기보다 고구려인들을 회유하는 방식을 선택한 것으로 보입니다.

안승을 고구려 왕으로 책봉한 지 4년 후, 문무왕은 그를 보덕왕으로 다시 책봉합니다. 그로부터 6년 후에는 자신의 여동생(신라 장군 김의관의 딸이라는 설도 있습니다)과 혼인시켰는데, 안승 역시 이 제안을 기쁘게 받아들입니다. 문무왕이 죽고 신문왕이 즉위한 후에도 안승은 신라의 수도로 불려 와 김씨 성을 부여받았고, 별다른 저항

없이 이를 받아들였습니다. 이 모습을 보면 고구려 왕족 출신이지만 신라의 고구려 정복과 삼국 통일 상황을 어느 정도 받아들였던 것으로 보입니다.

그러나 안승 주변 사람들은 그렇지 않았던 것 같습니다. 안승이 신라 수도로 간 다음 해, 그의 조카이자 고구려 장군인 대문이 금마저에서 난을 일으키려다 발각되어 처형당합니다.『삼국사기』에는 반란의 이유가 명시되어 있지 않지만, 고구려의 왕족이 신라의 왕족과 결혼하고 신라 수도로 가 버린 데에 대한 반발심이었을 것으로 추정합니다.

이렇듯 신라가 통일을 이룬 뒤 상당한 시간이 흐른 후에도 고구려와 백제의 이름은 쉽게 사라지지 않았고, 결국 신라 말기에 이르러 후백제와 후고구려라는 이름으로 독립 국가가 등장하게 됩니다.

당시 신라는 끊임없는 왕위 다툼으로 왕이 자주 교체되었으며 중앙 정치세력 간의 권력 경쟁이 격화되어 나라 전체가 혼란에 빠져 있었습니다. 중앙 정계의 정치적 혼란으로 지방 관리가 제대로 이루어지지 않자, 각 지방에서는 자연스럽게 독자적인 세력이 성장했습니다. 특히 수도에서 멀리 떨어진 지역에서는 현지 지도자들의 영향력이 커져 갔으며, 일부는 독립된 나라를 세우기에 이릅니다. 이렇게 통일신라는 다시 분열되었고, 후백제와 후고구려가 급격하게 성장하여 신라와 함께 후삼국 시대를 열었습니다.

그런데 이 시기는 신라가 삼국을 통일한 지 이미 200년이 지난 때였습니다. 백성들 사이에서 고구려와 백제의 정체성이 희미해지거나 사라졌을 법한 긴 시간이 흐른 뒤였는데, 그럼에도 어떻게 후백제와 후고구려라는 국호가 새로운 나라의 이름으로 정해질 수 있었을까요?

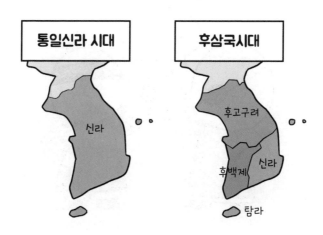

후고구려를 세운 궁예는 고구려를 멸망시킨 신라에 대한 복수를 명분으로 내세웠습니다. 후백제를 건국한 견훤 역시 백제의 마지막 왕인 의자왕의 울분을 풀겠다고 선언하며 왕위에 올랐습니다. 고구려와 백제가 멸망한 지 200여 년이 지난 시점에서, 이들이 정말로 고구려와 백제의 후예로서 정체성을 가졌는지는 분명하지 않습니다. 다만 궁예와 견훤은 이러한 주장이 나라를 세우는 데 설득력 있는 명분이 된다고 판단했을 것입니다. 즉 비교적 가까운 과거의 고구려와 백제의 역사를 이어 간다고 내세움으로써, 자신들이 세운 새로운 나라가 신라에 대한 반역이 아니라, 역사적으로 정당하다는 것을 증명하려 했던 시도로 볼 수 있습니다.

그렇다면 고려와 백제를 계승하겠다는 궁예와 견훤의 주장을 백성들은 어떻게 받아들였을까요? 두 인물이 왕을 칭하면서 등장했을 때 지역 백성들이 이들을 환대했다는 기록이 남아 있습니다. 이는

백성들 사이에도 고구려와 백제의 유민이라는 정체성이 여전히 존재했으며, 이로 인해 궁예와 견훤의 주장이 어느 정도 받아들여졌던 것으로 해석되기도 합니다. 혈연 기반의 신분제도인 신라의 골품제에 의해 고구려, 백제 출신 인물들이 신라에서 정치적 활동을 하기 어려웠던 점도 영향을 미쳤을 것입니다.

이처럼 삼국통일을 이룬 신라 왕실은 삼국이 본래부터 하나의 나라였다고 주장했고, 백성들도 행정상 모두 신라 사람으로 살았지만, 당시 사람들에게 고구려와 백제가 여전히 중요한 의미를 가졌음을 보여 줍니다.

16

화랑은 왜
얼굴 보고 뽑았을까?

신라에는 미남을 선발하여 만든 독특한 조직이자 수련 단체인 **화랑**花郎이 존재했습니다. 신라 제24대 진흥왕 때 처음 조직된 화랑의 창설 목적은 명확히 기록되어 있지 않지만, 『삼국유사』와 『삼국사기』에 따르면 남성 조직인 화랑 이전에 여성들로 구성된 **원화**原花가 있었다고 전해집니다.

원화는 일반 민가의 여성 중 뛰어난 미모를 지닌 이들을 선발하여 만든 집단으로, 효도와 우애, 충성과 신의를 배워 진흥왕의 통치 이념을 백성들에게 보여 주는 상징적인 조직이었습니다. 또한 왕과 신하들이 인재를 발굴하기 위해 후보들을 한데 모아 관찰하는 목적도 있었다고 합니다. 그러나 처음 선발된 두 원화 사이에서 질투로 인한 살인 사건이 발생하면서 원화 제도는 폐지됩니다. 다만, 원화

花郎 꽃보다 예쁜 남자 화랑!

제도는 이후 진흥왕 대에 명망 있는 가문 출신의 남성 중 덕 있는 이들을 선발하는 것으로 이어졌는데, 이때 명칭이 화랑으로 변경되었습니다.

진흥왕이 화랑을 조직한 구체적인 목적은 명확한 기록으로 남아 있지 않지만, 『삼국사기』의 화랑에 대한 후대의 평가에서 그 목적을 엿볼 수 있습니다. 진흥왕보다 훨씬 후대인 경문왕 시기를 살았던 통일신라의 문인 최치원은 신라의 도道를 '풍류'라고 정의하고, 풍류의 근원을 유교, 불교, 도교와 국선의 역사에서 찾았습니다. 여기서 국선이란 화랑의 지도자를 일컫는 말로, 화랑은 다양한 사상을 기반으로 왕실과 백성을 아우르는 신라의 대표 조직이었음을 알 수 있습니다.

화랑은 군사훈련을 받은 조직이기도 했습니다. 많은 화랑이 신라의 여러 전쟁에서 활약했으며, 여러 왕대 기록에 화랑이 군사를 이끌고 싸운 사례가 확인됩니다. 가령 진흥왕 대의 유명한 화랑인 사다함은 대가야를 정벌할 때 큰 공을 세웠으며, 신라의 통일 전쟁에서 활약한 김유신 역시 화랑 출신입니다.

그렇다면 신라에서 이토록 중요한 위치에 있었던 화랑을 왜 미남으로 구성했을까요? 이는 화랑들이 맡았던 '대중 교화'의 역할과 밀접한 관련이 있습니다. 화랑은 부모에게 효도하고, 나라에 충성하며, 선행을 장려하는 등 신라에서 중시한 사상과 행동을 전파하는 역할을 담당했습니다. 또한 화랑은 신라의 풍속에도 큰 영향을 미쳤습니다. 진흥왕은 화랑을 창설하며 나라의 번영을 위해서는 반드시 화랑의 도리인 '풍월도'를 실천해야 한다고 강조했고, 이에 화랑들은 노래와 음악을 즐기며 자연을 유랑하는 수양 생활을 이어 갔습니다

이러한 전통은 신라 말기까지 이어져, 고려시대에도 일정 부분 유지되었습니다. 고려의 문신 이인로는 자신의 시화집 『파한집破閑集』

相磨道義   서로 도의를 닦는다.
相悅歌樂   서로 노래와 음악을 즐긴다.
遊娛山水   산수 좋은 곳을 찾아 노닌다.

에서 팔관회 때 명문가의 자제 네 명을 선발하여 춤을 추게 했다는 기록을 남겼는데, 이는 고려 태조가 신라의 화랑 풍속을 유지한 것이라고 설명했습니다. 또한 이인로는 화랑의 모습을 서술하며 미남자를 선발하여 보석으로 장식했다고 전했고, 고려의 팔관회에서도 춤을 추는 이들이 화려한 의복을 갖춰 입었다고 기록했습니다. 고려 사람인 이인로도 신라의 화랑을 미모가 뛰어난 남성들의 집단으로 인식하고 있었으며, 이들이 전 국민의 존경을 받았다는 점과 춤을 통한 의례 활동을 했다는 사실까지 이해하고 있던 것입니다.

이인로의 기록을 통해 알 수 있듯이, 고려에 계승된 화랑의 전통은 주로 팔관회를 통해 드러났습니다. 팔관회는 국가적 차원의 불교 행사로, 태조 왕건은 사망 전에 팔관회를 지속적으로 시행하라고 신하들에게 당부했습니다. 기록에 따르면 팔관회에 화랑의 풍속을 도입한 인물 역시 태조였다고 합니다.

한편 성종 대에 거란의 침입을 막아 낸 서희도 태조가 팔관회와

멋있다...

함께 선랑仙郞 제도를 유지했다고 전합니다. 이 '선랑'이라는 표현은 여러 문헌에서 화랑의 전통을 지칭하며 등장하는데, 고려 후기 충선왕 시대 인물인 민적의 열전에서도 찾아볼 수 있습니다. 열전에 따르면 당시 고려에는 어린 나이에 승려를 따라 학문을 배우는 풍습이 있었고, 이들 중 용모가 빼어난 남자는 승려이든 아니든 모두 '선랑'이라 불렀다고 합니다. 선랑을 따르는 이들이 천 명에 이르렀다는 기록도 있으며, 이 전통이 신라에서 비롯되었음을 분명히 밝히고 있습니다. 이를 통해 고려시대에도 화랑의 전통이 계승되었으며, 빼어난 용모를 화랑의 중요한 특성으로 여겼음을 알 수 있습니다.

이렇듯 신라의 화랑은 나라가 중시한 사상과 행동 방식을 전파하며 문화를 선도하는 역할을 했습니다. 백성들의 마음에 교화의 내용을 효과적으로 전달하기 위해 춤과 노래를 통해 풍류를 즐기고 이를 널리 알리기도 했습니다. 화랑을 미남자로 선발한 것도 대중에게 더욱 호소력 있게 다가가기 위한 전략이었을 것으로 보입니다.

3부

읽다 보면 빠져드는
고려사 이야기

고려는 중국의 제후국이었는데
고려 왕들은 왜 자신을 황제라고 칭했을까?

사극에는 신하들이 황제나 왕을 '폐하' 혹은 '전하'라고 부르는 장면이 자주 등장합니다. 잘 알려져 있듯이 '전하'는 왕을, '폐하'는 황제를 부를 때 아랫사람이 사용하는 호칭입니다. 일반적으로 황제가 왕보다 더 높은 지위라고 알려져 있는데, 과연 황제와 왕의 구체적인 차이는 무엇일까요?

황제는 고대 중국에서 통일 제국을 건설한 진나라의 황제, 진시황이 처음 사용한 용어입니다. 그전까지 중국의 최고 지도자는 '왕王' 또는 '천자天子'로 불렸습니다. 천자는 '하늘의 자식'이라는 뜻으로, 고대인들이 숭상했던 '하늘'의 명을 직접 받은 고귀한 존재를 상징하는 칭호였습니다.

그러나 진시황은 주변 군소 국가를 정복하고 대륙을 통일한 후,

기존의 군주와 구분되는 새로운 칭호를 원했습니다. 이에 신하들이 올린 후보 중 '황皇' 자를 채택하고, 그 뒤에 군주를 뜻하는 글자인 '제帝'를 결합해 '황제皇帝'라는 새로운 위호를 만들었습니다. 이때부터 중국의 최고위 군주는 '황제'라고 불렸고, 황제가 사용하는 용어는 왕의 용어와 구분되어 사용되었습니다. 가령 왕이 내리는 명령은 '명命'이라 한 반면, 황제의 명령은 '제制'라 했고, 황제가 자신을 지칭할 때는 '짐朕'이라는 용어를 사용하게 되었습니다.

왕보다 더 높은 지위를 나타내는 황제는 천하에 단 한 명만 존재할 수 있었기에, '황제의 나라'인 중국의 주변 국가들은 '왕의 나라'로서 황제국을 섬겨야 했습니다. 이는 강대국이 주도하는 국제 질서의 한 형태로, 주변국들은 황제의 신하인 '제후'를 자처하며 '제후국'으로서 예를 갖추어야 했습니다. 그 방법으로 제후국의 왕은 황제의 신하로서 반드시 황제로부터 제후로 인정받는 책봉을 받아야

했고, 황제에게 조공을 바쳐야 했습니다. 참고로 우리나라 역시 오랫동안 중국의 제후국 위치에 있었습니다.

그렇다면 우리나라 사극에서 간혹 '폐하'라는 호칭이 등장하는 이유는 무엇일까요? 특이하게도 고려시대 왕실에서는 황제 체제의 용어를 오랜 기간 사용했습니다. 고려 국왕의 명령은 황제의 명령에 사용되는 '조詔' '칙勅' '제制'와 같은 용어로 불렸고, 왕위 계승자는 '태자', 국왕의 어머니는 '태후'로 칭해졌으며, 국왕 스스로도 자신을 '짐朕'이라 지칭했습니다. 그리고 용어뿐 아니라 고려의 왕은 황제의 복식을 입고, 공문서에서도 황제국에서 사용하는 형식을 따랐습니다. 다만 외교적으로는 고려가 중국의 제후국이었기 때문에, 공식적인 외교 상황에서는 국왕이 스스로를 왕, 즉 제후라 칭하며 제후국의 예를 갖췄습니다. 그러나 고려 내부적으로는 황제와 황실의 용어와 제도가 자리 잡고 있었던 것은 분명한 사실입니다.

그렇다면 고려의 주변국들은 고려의 황제국 체제를 어떻게 바라보았을까요? 고려보다 약소한 집단들은 고려의 위상을 인정하며 고려 국왕에게 황제의 예를 갖추기도 했습니다. 실제로 황제에게 올리는 문서인 '표表'를 고려 국왕에게 바친 사례가 다양한 부족과 국가에서 확인됩니다.

그리고 고려를 제후국으로 여기던 중국도 이 사실을 알고 있었을 가능성이 큽니다. 그러나 중국은 중국과 외교를 할 때에만 왕국의 위치를 취하고, 내부에서는 황제국 제도를 사용하는 고려의 이중적 태도를 크게 문제 삼지 않았습니다. 한 예로, 예종 대에 활동한 문신 김부일이 국가 행사인 팔관회에서 쓰일 문장을 지었는데, 당시 이 행사에서 음악을 연주한 사람은 송나라 사람이었습니다. 연주자가 송나라로 돌아가 황제 앞에서 김부일이 지은 문장을 외웠고, 이에 황제는 "비록 분수에 넘치는 말이 들어 있긴 하지만 참으로 훌륭한

그 누가 아무리 자기네 신하라고
우겨도 고려는 황제국~

문장이다"라고 칭찬했다고 합니다.

여기서 김부일이 사용했다는 "분수에 넘치는 말"이 정확히 무엇을 가리키는지는 전해지지 않지만, 황제만 쓸 수 있는 용어를 사용했을 것으로 추정됩니다. 이 일화는 고려가 국내에서 황제국 제도를 사용한다는 사실을 중국이 분명히 알고 있었으며, 어느 정도 용인했다는 것을 보여 주는 증거로 제시되고 있습니다.

연구자들은 고려의 이중적인 황제국 제도를 여러 측면에서 해석합니다. 이를 고려의 자주성과 독립성을 보여 주는 중요한 사례로 보며, 고려가 단순히 중국에 일방적으로 복종한 것만은 아니었음에 주목합니다. 중국 외의 주변국들과의 관계에서 영향력을 행사하기 위한 이념적 전략으로 해석하기도 합니다. 한편에서는 고려의 황제국 체제가 오늘날의 기준에서만 황제국으로 여겨질 뿐, '황제 제도'와 '제후 제도'의 이분법적 구분이 어려우며, 당시에는 고려를 황제

국으로 인정하지 않았을 수도 있다는 연구도 있습니다.

어찌 됐든 고려의 이중적인 황제국 제도는 고려 말 원나라의 정치적 간섭 속에서 점차 사라졌으며, 제후의 예를 중시했던 조선시대에는 비판의 대상이 되기도 했습니다. 그러나 시간이 흘러 현대에 이르러서 새롭게 조명되며 그 역사적 가치를 더욱 인정받고 있습니다.

원종 이후 고려 국왕의 묘호가 '종'에서 '왕'으로 바뀐 이유는?

고려 국왕에게 '종'이라는 묘호를 사용한 것 역시 황제국 체제를 따른 것이었습니다. 그러나 원나라가 중국 대륙을 제패한 이후부터는 원나라를 중심으로 동아시아 각국의 질서가 하나로 정립되어야 했습니다. 이에 원종 이후부터는 '종' 대신 '왕'이라는 묘호를 써야 했습니다. 또한 원종 이전까지는 고려 국왕이 승하한 뒤 고려가 자체적으로 묘호를 정했지만, 충렬왕 때부터는 원나라에 묘호를 요청하여 받았습니다. 이미 묘호가 있던 고종과 원종의 경우에도 각각 '충헌왕' '충경왕'으로 바꾸었는데, 여기서 '충(忠)'은 충성을 뜻하는 한자로, 원나라의 주요 공신과 부마가 받았습니다. 충렬왕은 원나라에서 입지를 단단히 다진 왕이었기에 이런 시호를 받을 수 있었습니다.

18

문신이었던 강감찬은
어떻게 장군이 됐을까?

고려 현종 대에 거란의 침입을 물리친 귀주대첩의 영웅, **강감찬** 장군은 우리 역사에서 가장 잘 알려진 인물 중 하나입니다. 워낙 뛰어난 군사적 공적 때문에 많은 이들이 그를 무신으로 여기지만, 그는 사실 과거 시험에서 문신으로 장원급제했습니다. 강감찬은 성종 대문과 시험에 1등으로 합격했을 뿐 아니라, 꾸준히 승진하여 예부시랑이라는 높은 관직에까지 오르기도 했습니다.

그렇다면 문신이었던 강감찬이 어떻게 장군으로 나서 군대를 지휘하게 된 걸까요? 사실 고려 전기에는 무신을 선발하는 '무과'가 정식으로 존재하지 않았습니다. 간헐적으로 무과가 실시된 적은 있었지만 정식 과목으로 편성해 무신을 정기적으로 선발하지는 않았고, 대신 군사적 필요가 있을 때마다 적합한 인재를 그때그때 뽑아 쓰는 방식이었습니다. 과거제도가 처음 도입된 광종 대부터 글짓기와 경전 암송을 평가하는 '제술과'와 '명경과', 그리고 기술을 시험하는 '잡과'만이 정식 과목으로 시행되었으며, 무과는 고려 말 공양왕 대에 신하들의 건의로 잠시 도입되었을 뿐입니다. 그나마 무과가 체계적으로 정착된 것은 조선 건국 이후의 일입니다. 그래서 우리가 알고 있는 '장군' 강감찬도 무과가 아닌 문과 과거 시험을 통해 문신으로 관직 생활을 시작했습니다.

강감찬이 장군으로서 본격적으로 활약한 시기는 고려 현종 대입니다. 현종이 즉위하자마자 거란이 여러 차례 침공해 왔는데, 특히 거란의 장수 소손녕이 10만 명이나 되는 대군을 이끌고 쳐들어왔을 때 현종은 강감찬을 상원수上元帥라는 직책에 임명했습니다. 상원수는 전쟁이 일어나면 군대를 이끌 사람이 필요할 때마다 특별히 임명하는 직책이었습니다. 따라서 이렇게 군대를 지휘하는 자리를 맡았

다고 해서 문관인 강감찬이 갑자기 무관이 된 것은 아니었고, 문신이면서 잠시 군대를 이끄는 임무를 부여받은 것에 더 가깝습니다.

군사를 이끌고 나아간 강감찬은 냇물을 막아 두고 매복한 뒤 적이 다가오자 물줄기를 터트려 물리치고, 기습 공격으로 적군을 섬멸하는 등 뛰어난 전술로 활약하면서 여러 작전을 성공적으로 수행하여 큰 승리를 거두었습니다. 마침내 귀주에서 거란군을 크게 물리치고 고려에 돌아왔을 때에는 현종이 직접 나와 환영하며 성대한 잔치를 베풀었는데, 가지가 여덟 개 달린 금으로 만든 꽃을 강감찬의 머리에 꽂아 주는 특별한 예우까지 했다고 전해집니다. 이후 강감찬은 나라에 큰 공을 세운 신하라는 뜻의 '공신' 칭호를 받았습니다.

고려시대 이후에도 강감찬은 사람들의 존경을 받으며 실생활에도 영향을 미쳤는데, 가령 오늘날 서울 지하철 2호선 역 이름으로도 익숙한 낙성대落星垈는 강감찬의 출생지로 전해지는 곳입니다. '별이 떨어진 곳'이라는 뜻의 낙성대는 고려 역사서인 『고려사』와 고려시

장하다 장해!

귀주대첩에서 대승했나이다.

대 문인 최자의 시화집『보한집』에 자세히 기록된 강감찬의 탄생 설화와 관련이 깊습니다.

설화에 따르면, 어느 날 한 사신이 밤중에 수도 개경으로 돌아가던 중 큰 별이 사람들이 모여 사는 지역에 떨어지는 것을 목격했다고 합니다. 사신이 관리를 보내 확인하니, 그 집에서 마침 사내아이가 태어났다는 소식을 듣게 됩니다. 이를 신기하게 여긴 사신은 그 아이를 개경으로 데려와 키웠는데, 그 아이가 바로 강감찬이었습니다. 시간이 흘러 강감찬이 재상이 되었을 때 송나라에서 온 사신이 그를 보자마자 자신도 모르게 절을 했다는 이야기도 덧붙여집니다.

사실 이 설화는 강감찬이 84세로 세상을 떠난 이후에야 전해진 이야기로, 후대 사람들이 그의 업적을 기리기 위해 만들어 낸 것으로 보입니다. 『보한집』의 저자인 최자 역시 이 설화를 매우 황당하게 여겼지만, 오래전부터 관리들 사이에 전해 온 이야기이고, 또 임

상국이라는 인물의 집에 기록이 남아 있으므로 일단 실어 둔다고 기록했습니다. 즉 고려 사람들도 이러한 이야기를 실제로 믿지는 않았지만, 강감찬은 단순히 고려시대의 영웅에 그치지 않고, 조선과 근대 이후에도 끊임없이 회자되었습니다. 세상을 떠난 뒤에도 설화가 계속 전해진 것은 그가 얼마나 큰 존경을 받는 인물이었는지를 보여 줍니다.

오늘날에도 강감찬의 사당이 세워진 안국사에서는 매년 그를 기리는 추모 의식이 열리고 있으며, 현재 낙성대도 이 사당을 중심으로 조성되었습니다. 낙성대가 위치한 서울 관악구의 '인헌동'이라는 행정동 이름도 강감찬과 관련이 깊은데, 강감찬의 시호가 바로 '인헌仁憲'이었기 때문입니다. 이처럼 강감찬의 이야기는 우리가 알게 모르게 사용하는 지명과도 밀접하게 연결되어 있으며, 그의 흔적은 현대까지도 이어져 오고 있습니다.

19

고려 왕실은
왜 근친혼을 했을까?

현대인들은 아주 당연하게 가족이나 친척끼리는 결혼하지 않습니다. 그런데 우리에게는 당연한 이 금기가 고려시대, 특히 고려 왕실에서는 적용되지 않았습니다. 고려 왕실에는 근친혼이 흔했고, 오히려 더 선호되기도 하며 왕실의 가계도를 매우 복잡하게 만들곤 했습니다. 가령 고려의 지방 제도를 완성했다고 평가받는 고려 8대왕, 현종의 어머니는 태조 왕건의 손녀인데, 현종의 아버지는 태조의 아들입니다. 고려 왕실은 왜 이렇게 근친혼이 흔했을까요?

고려 왕실의 얽히고설킨 가계도는 고려의 태조 왕건에서부터 시작되었습니다. 태조는 후삼국 통일 전쟁에서 지방 호족들의 지원을 받으며 승리를 거두었는데, 전쟁이 끝난 후에는 호족들의 영향력을 조정하고 나라를 안정시키는 일이 중요한 과제가 되었습니다. 이에 태조가 택한 방법 중 하나는 바로 유력한 호족들과의 결혼을 통해 그들과의 유대를 강화하는 것이었습니다. 이로 인해 『고려사』에 기록된 태조의 후비만 해도 무려 29명이나 됩니다.

문제는 이렇게 많은 부인과의 사이에서 태어난, 25명이나 되는 왕자들이었습니다. 태조가 사망한 후 4대 왕 광종이 즉위할 때까지 왕위를 두고 왕자들 간에 수많은 정쟁이 벌어졌고, 2대 왕 혜종과 3대 왕 정종은 아주 짧은 기간 동안만 재위했습니다. 왕실은 4대 왕 광종이 즉위하고 나서야 안정을 되찾았는데, 혜종, 정종과 마찬가지로 광종 역시 태조 왕건의 아들입니다. 당시 왕자들 간의 권력투쟁이 얼마나 치열했는지 짐작할 수 있습니다.

광종은 왕실을 안정시킨 후 아들 경종에게 왕위를 물려주었습니다. 경종은 헌애왕후(훗날 천추태후)와 헌정왕후 자매를 둘 다 아내로

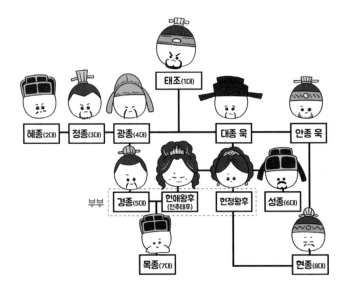

맞았는데, 자매의 아버지는 태조 왕건의 또 다른 아들인 대종 욱이었습니다. 즉 경종과 두 부인은 모두 태조 왕건의 손주이며, 경종은 사촌 자매 둘과 동시에 혼인을 한 것입니다. 이후 경종과 천추태후 사이에는 아들이 하나 태어났지만 경종은 아들이 겨우 두 살일 때 병으로 세상을 떠납니다. 죽기 전에 경종은 자신의 뒤를 이을 인물로 사촌 성종을 지목했는데, 성종은 대종 욱의 아들이자 경종의 아내 헌애왕후, 헌정왕후와 남매였습니다.

문제는 경종 사후에 궁에서 나가 살던 헌정왕후와 태조의 또 다른 아들인 안종 욱과의 사이에서 자식이 생겨 버린 것입니다. 성종 입장에서는 자신의 여동생이자 선왕의 왕비가, 자신의 삼촌이자 선왕의 형제와 바람이 난 것이었으니 매우 골치 아픈 상황이었을 것입니다. 결국 안종 욱은 유배형에 처해졌고, 헌정왕후는 충격 속에

내 여동생이자 사촌의 아내가
내 삼촌과 바람이 나다니!

아들 현종을 출산하다 세상을 떠납니다.

현종은 어린 시절 성종에게 거두어져 자라다 성종이 죽고 목종이 즉위하자 궁 밖으로 나가게 됩니다. 여기서 목종은 경종이 죽을 때 두 살이었던, 경종과 헌애왕후 사이에서 태어난 바로 그 아들입니다. 목종이 즉위하자 왕의 어머니 헌애왕후에게는 '천추태후'라는 칭호가 붙습니다.

목종에게는 아들이 없었기 때문에 천추태후는 목종의 다음 왕으로 자신의 아들을 세우려 했습니다. 그런데 천추태후가 왕으로 만들려 했던 아들은 경종과의 사이에서 낳은 아들이 아니라, 경종 사후에 천추태후와 김치양이라는 인물 사이에서 태어난 다른 아들이었습니다. 이런 일이 가능했던 것은 고려 왕실의 독특한 특징 때문입니다. 고려에서는 남성뿐 아니라 여성을 통해서도 왕위 계승 자격을 받을 수 있었습니다. 즉 왕의 아들이 아니더라도, 왕실 여성의

내 아들에게도
왕위 계승 자격이 있다!

자식이라면 왕위 계승 자격이 부여되었고, 천추태후는 자신이 태조 왕건의 손녀라는 점을 활용해 김치양과의 아들을 왕위에 올리려 했던 것입니다. 물론 이런 경우는 흔하지 않았고, 당시 목종의 뒤를 이을 후계자가 많지 않은 상황이었기에 가능했던 일로 보입니다.

그런 천추태후에게 현종은 목표 달성의 가장 큰 방해물이었습니다. 현종은 아버지와 어머니 양쪽 모두 태조 왕건의 직계 후손이었기에 누구보다 강력한 왕위 계승 자격을 가지고 있었기 때문입니다. 그래서 천추태후는 현종을 어린 시절부터 크게 견제합니다. 현종은 천추태후에 의해 궁 밖으로 쫓겨나 개경의 절에서 출가하게 되었고, 이후 더 멀리 북한산의 절로 보내졌습니다. 천추태후는 여기서 멈추지 않고, 현종을 제거하기 위해 독이 든 음식을 보내거나 암살자를 보내기도 했습니다. 그러나 현종은 이러한 위협에서 살아남았고, 결국 왕위에 올랐습니다. 얄궂게도 현종이 위험 가득한 어

내 팔자야…

린 시절을 보낸 이유도, 결국 왕위를 차지할 수 있었던 이유도, 그의 아버지는 태조 왕건의 아들, 어머니는 태조 왕건의 손녀였기 때문입니다.

그렇다면 고려 왕실에서 이토록 근친혼이 빈번하게 이루어진 이유는 무엇일까요? 가장 먼저 제시된 해석은 태조가 여러 호족과 혼인을 맺은 만큼, 그 자녀들의 근친혼 또한 호족 세력을 통해 왕실의 권력을 강화하려는 시도였다는 의견입니다. 이후 관련해서 많은 논의가 있었지만 2022년에는 태조 이후 왕위 계승권을 가진 인물이 너무 많아졌기에 그 권리가 더 분산되는 것을 막기 위한 의도였다는 해석이 부각되었습니다. 그러니까 근친혼을 통해 왕실 구성원들이 태조의 혈통을 의식하고, 외가 쪽 호족 가문보다 '왕실'을 중심으로 구심점을 강화하려 했다는 것입니다. 이와 관련해 고려에서는 왕실을 제외한 양반 가문에서는 같은 성씨끼리의 혼인이 엄격하게 금지되었습니다.

대종과 안종은 왕이 아닌데도 이름에 '종'을 쓸까?

대종 욱과 안종 욱은 왕위에 오르지 않았음에도 왕이 받는 것과 같은 '종宗'이라는 묘호를 받았습니다. 그 이유는 그들의 아들이 왕위에 올랐기 때문인데, 자식이 왕위에 오른 사람은 왕의 아버지라는 위상에 맞추어 사후에 왕의 묘호를 내렸습니다. 구체적으로 대종 욱은 아들 성종이, 안종 욱은 아들 현종이 각각 왕위에 올랐기에 '종'이라는 묘호를 받을 수 있었습니다.

흥미로운 점은 두 사람의 이름이 모두 '욱'으로 발음되지만, 대종 욱旭과 안종 욱郁은 서로 다른 한자를 사용한다는 것입니다.

20

과거 시험에 합격하면
무슨 업무부터 시작했을까?

과거 시험과 비슷한 오늘날의 공무원 시험에 합격하면 발령을 받은 후 발령지에서 일하게 됩니다. 이때 합격 발표와 발령 사이의 대기 기간은 때에 따라 길기도 하고 짧기도 한데, 고려시대에는 과거 시험에 합격하면 바로 궁궐에서 바로 일을 시작했을까요?

과거 시험은 나라의 관리를 선발하기 위한 제도로, 제4대 왕 광종이 중국 후주 출신의 신하 쌍기의 건의를 받아들여 시작되었습니다. 쌍기는 사신으로 고려에 왔다가 병으로 귀국하지 못한 인물인데, 그의 재능을 높이 평가한 광종은 쌍기를 측근으로 삼아 중국의 제도를 본따 과거제도의 도입을 추진했습니다.

과거제도의 도입은 관리 선발 방식에 큰 변화를 가져왔다는 점에서 역사적으로 중요한 의미를 지닙니다. 신라시대에는 혈족에 따라 직책이 정해지고 세습되는 것이 일반적이었지만, 고려시대 광종 대이후에는 개인의 능력을 중시하는 인재 등용의 길이 열렸습니다.

물론 고려시대에도 과거제를 통한 관리 선발의 비중은 크지 않았고, 조상이 높은 관직에 있으면 자식들도 관리가 될 수 있는 음서제도가 여전히 중요했습니다. 그럼에도 과거제도는 고려 사람들에게 이전과는 다른 출세의 기회를 제공한 의미 있는 제도였습니다.

그런데 과거에 합격했다고 해서 바로 관청에서 나랏일을 할 수 있는 것은 아니었습니다. 왜냐하면, 관직의 수보다 합격한 인원이 더 많았기 때문입니다. 이로 인해 관직을 받지 못한 이들에게는 **동정직**同正職이라는 직책이 주어졌는데, 이는 실제로는 일을 하지 않지만 관료로 인정해 주는 일종의 명예직이었습니다. 동정직에도 급료가 지급되고 진급이 가능했습니다. 다만, 실질적으로 일을 하는 관직이 더 좋은 대우를 받았기 때문에 동정직을 받은 사람들은 업무를 맡을 수 있는 관직을 받기 위해 애썼습니다.

이런 오랜 기다림의 시간을 보낸 인물 중 한 명이 바로 한문 서사시 「동명왕편東明王篇」으로 유명한 문인 **이규보**입니다. 경기도 여주의 유력한 토호 가문 출신인 이규보는 11세 때 숙부의 관청에서 뛰어난 글짓기 실력을 선보이며 기대를 한 몸에 받았습니다. 14세에 명문 교육기관인 구재학당에 입학한 그는 그곳에서도 수석의 자리를 놓치지 않았습니다. 그런데 신동이라 불리던 이규보는 유독 과거 시험에서 여러 번 탈락의 고배를 마셔야 했습니다.

과거제도는 처음 실시된 이후 여러 차례 정비되었는데, 이규보가 활동하던 시기에는 정식 관리가 되기 위해 두 차례 시험을 순차적으로 통과해야 했습니다. 이규보가 첫 번째 시험인 사마시司馬試에 처음 응시한 것은 16세 때였는데, 천재 소리를 듣고 자란 그는 이 시험에서 3번이나 떨어졌습니다. 기록에 따르면 이 첫 시험에 도전했던 4~5년 동안 그는 술에 빠져 놀러 다니면서 시 짓기만 하고 시험 공부는 전혀 하지 않았다고 적혀 있습니다.

오랜 방황을 겪은 이규보는 마침내 22세가 되던 해에 과거의 첫 관문인 사마시에서 수석으로 합격했습니다. 그다음 해에는 두 번째 시험인 예부시禮部試에도 합격하지만, 이 시험에서 낮은 등수를 받아 예비 관료에 그쳐야 했습니다. 그는 상심한 나머지 관직을 포기하려 했지만, 아버지의 꾸지람을 듣고 결국 이를 받아들였습니다. 후에 이규보는 한 술자리에서 자신의 능력이 제대로 평가받지 못했다며 억울함을 토로해 주변 사람들의 웃음거리가 되기도 합니다.

　　그러나 이규보의 기다림은 여기서 끝이 아니었습니다. 과거에 급제한 지 무려 9년 동안 나랏일을 하지 못했기 때문입니다. 여러 관료의 추천으로 관직을 얻을 기회가 있었으나, 그와 좋지 않은 감정을 가진 이의 방해로 무산되기도 했습니다. 그가 겨우 능력을 인정받고 관직을 얻어 전주에서 일하게 된 것은 32세 때 일입니다.

　　이 긴 공백기 동안 이규보는 여러 지역을 유람하거나 술과 시를 벗 삼으며 시간을 보냈고, 한때는 천마산에 들어가 은거하기도 했

습니다. 그가 관직 생활 이전에 지은 시들과 국가의 명을 받아 쓴 산문들, 그리고 여행 기록 등을 모아 편찬한『동국이상국집東國李相國文集』은 방대한 분량을 자랑하는데, 이 기록들을 통해 우리는 역사서에서는 찾아볼 수 없는 고려 사회의 다양한 모습을 엿볼 수 있습니다.

이규보의 사례에서 볼 수 있듯, 고려 사회에서 관직을 얻는 것은 결코 쉬운 일이 아니었습니다. 두 차례의 시험을 통과하는 것만으로도 어려운 과제였지만, 합격 이후에도 정치적 투쟁에 휘말리면 관직을 얻을 수 있을지 확신하기 힘든 상황이 이어졌습니다. 특히, 대기 기간이 길어지는 것은 큰 심적 부담으로 작용했을 것입니다. 무려 10년 가까이 이러지도 저러지도 못했던 이규보의 심정을 충분히 짐작할 수 있습니다.

과거를 잊지 말고 성실하게 일해야지.

21

선죽교에는 정말
정몽주의 핏자국이 남아 있을까?

선죽교는 고려의 멸망과 조선의 건국을 이야기할 때 빠지지 않는 상징적인 장소 중 하나입니다. 역사 이야기를 잘 아는 사람들은 선죽교 하면 핏자국을 떠올리는데, 이는 고려의 충신 정몽주가 조선 태조 이성계의 아들 이방원에게 죽임을 당하면서 흘린 피라고 전해지고 있습니다. 그런데 정몽주는 정말 선죽교에서 죽음을 맞이했고, 그의 핏자국은 정말 선죽교에 남아 있을까요?

주제의 질문에 답하기 위해선 우선 고려 후기의 정치적 상황에 대해 알아야 합니다. 고려 멸망을 앞둔 격동의 시기, 고려 사회는 지배층의 부패로 나라의 재정이 크게 흔들리고 있었습니다. 이를 해결하고 국고를 바로잡기 위해 노력했던 대표적 인물들로 이색, 정몽주, 정도전, 이성계 등이 있는데, 주목할 점은 이 시기까지만 해도 정몽주는 이성계와 같은 목표를 가지고 개혁 방안들을 함께 논의했다는 사실입니다. 더욱이 정몽주는 이성계의 위화도회군 이후에도 그를 옹호했습니다.

중국에서 명나라가 건국되고 원나라가 멸망하던 시기, 명나라는 고려에 철령 이북 지역이 원래 원나라의 땅이므로 이 땅을 자신들의 요동 지역에 편입시키라고 선포했습니다. 이 요구를 받아들일 수 없었던 고려 우왕과 최영은 요동 정벌을 계획했고, 이성계에게 그 역할을 맡겼습니다. 이성계는 여름철이라 활이 잘 들지 않고 전염병에 걸릴 위험이 있다는 등의 이유로 요동 정벌에 반대했지만, 결국 우왕의 명으로 출정하게 됩니다.

압록강에 도착한 이성계는 고려 조정에 다시 한번 상소를 보내 군사를 돌리게 해 달라고 요청했습니다. 이 상소에는 강이 범람해서 물에 빠진 군사가 많고 식량 공급이 어려우며, 덥고 비 오는 계절

로 군대가 고달프다는 현실적인 이유뿐 아니라, 작은 나라가 큰 나라를 섬겨야 나라를 보존할 수 있다는 사상도 담겨 있었습니다. 실제로 위화도에 주둔한 이후 군사들의 탈영이 이어졌다는 기록이 남아 있어, 상소의 내용은 어느 정도 사실이었던 것으로 보입니다.

그러나 이 상소도 끝내 받아들여지지 않자, 이성계는 허락 없이 위화도에서 군사를 돌리는 선택을 하게 됩니다. 이른바 위화도회군입니다. 이는 왕명을 어기고 군대를 철수했을 뿐 아니라, 요동 정벌을 주장한 최영을 몰아내고 왕을 폐위하는 결과로 이어진 명백한 반란이었습니다. 그럼에도 위화도회군이 있은 다음 해, 정몽주의 요청으로 이성계는 처벌을 면할 수 있었습니다. 이후 우왕의 아들 창왕이 폐위되고 공양왕이 즉위하는 과정에서도 정몽주, 정도전, 이성계는 뜻을 함께했습니다. 다시 말해 정몽주는 처음부터 이성계 일

파와 대립했던 것이 아니라, 오히려 위화도회군 이후까지도 같은 마음으로 고려의 정치 개혁을 추구한 인물이었던 것입니다.

그렇다면 선죽교에서의 사건은 어떻게 일어났을까요? 공양왕 즉위까지는 정몽주와 이성계 일파가 같은 목표를 추구하는 듯했으나, 부패한 고려 사회의 재건 방안을 놓고 대신들 간의 의견 충돌이 발생했고, 이 과정에서 정몽주는 이성계 일파와 길을 달리한 것으로 보입니다.

정도전 탄핵을 둘러싼 정치적 대립이 격화되던 이 시기, 이성계가 말에서 떨어져 크게 다치는 사고가 일어났습니다. 이때 정몽주는 이성계의 부상을 정치적 기회로 삼아 조준, 정도전 등을 탄핵하고 이성계까지 제거하려는 계획을 세웠습니다. 이와 관련해 『고려사』와 『고려사절요』에는 정몽주가 이성계 일파가 이성계를 왕으로 추대하려는 계획을 간파하고 이를 견제하려 했다고 기록되어 있습니다.

하지만 정몽주의 의도를 파악한 이방원은 아버지 이성계에게 정몽주를 견제해야 한다고 조언했습니다. 그리고 치료차 벽란도에 머무르려던 이성계를 설득해 밤중에 수도로 돌아오게 했고, 정몽주를 제거하기로 결심합니다. 정몽주가 병문안을 구실로 이성계의 집에 다녀가는 길에, 이방원은 조영규, 고여, 이부 등에게 정몽주를 살해하라고 지시했습니다. 기록에 따르면 이성계의 허락 없이 이방원이 독단적으로 진행한 일이었고, 이로 인해 이성계가 크게 노했다고 합니다.

그러나 결과적으로 정세는 이방원의 의도대로 흘러갔습니다. 정몽주는 이성계를 해하려 했다는 죄목으로 단죄되었고, 정몽주 일파는 형벌을 받아 축출당했으며, 얼마 후 이성계는 왕으로 추대됩니다. 비록 정몽주의 죽음과 조선 건국 사이에는 시차가 있고, 그의 죽음이 조선 건국의 유일한 걸림돌은 아니었지만, 이 사건으로 정몽

주는 죽음 앞에서도 물러나지 않은 고려의 충신으로, 이방원은 새 시대의 주역으로 각각 역사에 기록되었습니다. 그리고 그가 피를 흘리며 생을 마감한 선죽교는 정몽주의 충절을 상징하는 장소가 되었습니다.

그런데 정몽주의 죽음에 관해서 현대에 잘못 알려진 몇 가지 사실이 있습니다. 우선 정몽주는 조영규, 고여 등에게 쫓기다 살해당했기에, 이방원이 직접 현장에 있지는 않았습니다. 또한 원 기록에는 '선죽교'라는 다리 이름도, '다리'라는 단어도 등장하지 않으며, 이방원과 정몽주가 주고받았다고 전해지는 「하여가」와 「단심가」 역시 기록에 존재하지 않습니다. 이들은 모두 조선 후기에 가서야 기록에 등장하는데, 조선에서 정몽주를 충심의 상징으로 떠받드는 과정에서 선죽교라는 장소가 강조된 것입니다.

흥미로운 사실은, 조선 건국 후 정몽주를 가장 먼저 추앙한 인물이 바로 이방원이라는 사실입니다. 이방원이 왕위에 오른 뒤 정몽주에게 영의정 부사라는 최고 관직을 수여했습니다. 실록에서는 조선 후기 영조가 선죽교를 처음 언급하는데, 영조는 직접 선죽교를 방문하여 정몽주의 충절을 기리는 비석을 세웠다고 합니다. 조선에서 정몽주를 특별히 주목한 것은 국가에 대한 충성을 강조할 필요가 있었기 때문으로 보입니다.

오늘날 선죽교는 지금의 개성 한복판, 정몽주가 살았던 집 근처에 위치하고 있습니다. 실제로 정몽주가 선죽교 위에서 죽었는지는 알 수 없지만, 이곳에는 정몽주의 핏자국으로 알려진 짙은 얼룩이 있다고 전해집니다. 이처럼 고려 멸망과 조선 건국이라는 역사적 전환기에 대해 우리에게 잘 알려진 이야기들이 후대에 만들어진 것일 수 있다는 점은 매우 흥미로운 사실입니다.

일제강점기에 촬영된
개성 선죽교 사진.
©국립중앙박물관 소장

22

무신들은 중앙 정치 기구를 장악하고도
왜 왕이 되지 않았을까?

고려의 시기를 구분하는 방식은 학자마다 다양하지만, 모든 시기 구분에서 공통적으로 중요한 전환점으로 꼽히는 사건이 있습니다. 바로 무신들이 문신들을 숙청하고 대규모 변을 일으켰던 사건인 **무신정변**입니다.

고려는 건국 이후 무신정변이 일어나기 전까지 문신들이 정치를 주도해 왔습니다. 관료를 선발하는 제도인 과거시험에서도 문신을 선발하는 과목만 있었을 뿐, 무신을 선발하는 과목은 따로 없어서 필요할 때에만 무신을 뽑아 쓰는 정도에 그쳤습니다. 그러다 의종 24년(1170), 무신들이 문신들을 대규모로 숙청하고 중앙 정치 기구를 장악하는 무신정변이 일어났습니다. 이후 몽골의 침략으로 수도를 강화도로 옮겼다가 다시 돌아올 때까지, 고려의 정치는 무신들의 지배 아래 놓이게 됩니다.

정변 이후 무신들은 고려의 모든 정치 기구를 장악하고 정책의 최종 결정을 쥐게 되었습니다. 이 당시 왕은 무신들의 결정에 허가만 내려주는 존재로 전락했고, 고려는 사실상 무신들이 지배하는 나라가 되었습니다. 그런데 무신들은 정변 이후에도 최고 집정자 자리를 두고 끊임없이 내분을 일으켰지만, 흥미롭게도 왕위만큼은 한 번도 탐내지 않았습니다. 왜 정권을 장악해 왕보다 더 큰 권력을 누렸던 무신들이 직접 왕위에 오르지는 않았을까요?

이를 이해하기 위해선 무신정변이 왜 일어났는지부터 알아야 합니다. 무신정변은 스스로 왕이 되거나 왕을 교체하기 위해 오랜 계획 끝에 일으킨 반역이 아니었습니다. 이 사실이 매우 중요한데,『고려사』에 따르면 무신정변의 직접적인 원인은 당시 무신들이 겪었던 열악한 근무 환경과 문신들로부터 받은 핍박에 있었습니다. 무신들은 정변 이전부터 이미 봉기를 결심한 상태였습니다. 이는 오랫동

뒤통수가 따갑구나.

안 쌓여 온 문신들의 무시와 억압에 대한 불만이 폭발한 결과였던 것으로 보입니다.

무신정변을 이끌었던 주인공은 정중부라는 인물인데, 그는 지방에서 군인으로 활동하던 중 재상의 눈에 들어 수도 개경에까지 오른 인물이었습니다. 그런데 정중부가 군졸들을 통솔하는 상장군이 되었을 때, 왕이었던 의종은 정무에 소홀히 하고 술을 마시며 시를 읊는 등 사치스러운 생활에 빠져 있었습니다. 의종은 한 달에도 네 번씩 거처를 옮기며 연회를 즐겼고, 이 때문에 왕을 호위해야 하는 장수들은 지칠 수밖에 없었습니다. 심지어 정변이 일어난 해에는 의종이 문신들과 함께 술을 마시고 시를 지으며 놀다가 오랫동안 궁으로 돌아가지 않는 바람에, 호위하던 장수들이 굶주림에 시달리는 지경에 이르렀습니다.

정변이 일어난 날, 의종은 무신들에게 '오병수박희'라고 하는 일종의 몸싸움 경기를 열게 했습니다. 수박희는 오늘날의 격투기처럼

몸을 부딪치면서 싸우는 놀이인데, 경기에 참가한 노장 대장군 이소응이 중도에 포기하자, 문신 한뢰가 그의 뺨을 때리는 중대한 사건이 발생합니다. 뺨을 맞고 계단에서 떨어지는 이소응을 본 정중부는 크게 분노했습니다. 더욱이 정중부는 이전에 김부식의 아들 김돈중에게 촛불로 수염이 태워지는 모욕을 당한 적이 있어서 개인적 수치심과 분노가 이소응 사건으로 더욱 깊어졌을 것입니다. 결국 무신들이 겪어 온 열악한 처우와 문신들의 경멸적인 태도가 맞물려, 정변을 일으키는 결정적인 계기가 되었습니다.

정중부와 군사들은 정변 당일 왕의 행차에 동행했던 문신들을 모조리 처치했을 뿐만 아니라, 무신들 중에서도 그들과 뜻을 달리하는 이들을 가려내어 죽였습니다. 이 과정에서 많은 관료가 목숨을 잃었고, 이들을 진압하려던 왕의 시도는 실패로 돌아갔습니다. 정중부는 의종과 태자를 추방하고 태손을 죽인 뒤, 의종의 동생인 명종을 새 왕으로 즉위시킵니다.

　이후 무신들이 고려의 정권을 장악했으나, 최고 권력자의 자리를 둘러싸고 내부 다툼이 계속되었습니다. 이러한 권력투쟁은 최충헌이 등장하면서 비로소 끝나게 되는데, 이 시기를 '최씨 집권기'라고 부르기도 합니다.

　그런데 이렇게 관료로서 최고의 지위를 손에 넣은 무신들은 왕을 조종하며 권력을 휘두를 뿐, 왕위에 직접 오르는 시도는 하지 않았습니다. 오히려 그들은 고려 왕실의 권위를 높이는 데에 앞장섰는데, 이러한 태도의 이유는 무신들이 정적을 제거할 때 내세운 명분에서 잘 드러납니다. 예를 들어 최충헌이 당시 집정자였던 이의민을 제거할 때, 그는 '이의민이 왕위를 넘보았다'라는 점을 내세우며 '나라를 위해' 그를 처단했다고 보고했습니다. 이는 왕의 허가 없이 관료를 처형한 데에 자수를 하면서, 자신의 행위를 나라와 왕실을 수호하기 위한 것으로 정당화했다고 볼 수 있습니다.

나아가 최충헌은 최고 권력자의 자리에 오른 뒤, 왕이 따라야 할 열 가지 조항을 왕에게 적어 올렸습니다. 그 첫 번째 조항에서 최충헌은 고려 태조의 업적을 강조하며, 태조가 지은 궁궐로 돌아가야 한다고 권했는데, 이를 '하늘의 명'이라고 표현했습니다.

[최충헌 형제가] 지니고 있는 봉장 10조를 나열하여 아뢰기를, "옛날에 태조께서 삼한을 통일하고 송악에 도읍을 정하신 뒤, 명당이라 여겨지는 곳에 큰 궁궐을 지어 후대의 왕들이 만세토록 거처하게 하셨습니다. [중략] 그런데 흉하다는 소문을 믿고 오랫동안 그곳에 머무르기를 꺼리신다면, 음양의 조화에 어긋나는 일이 있을지 어떻게 알 수 있겠습니까? 폐하께서는 길일을 택해 입궐하시어 하늘의 명을 받드십시오.

－『고려사절요』권13 명종 26년 5월, 현대어 편역

이후 최충헌은 명종을 폐위하고 자신이 선택한 인물을 왕으로 세우는 등 왕위에 오르지는 않으면서 실질적으로 최고 권력자로 군림했습니다. 왕을 좌지우지할 막강한 권력을 가졌음에도 고려 왕조 자체를 부정하지 않은 것입니다. 오히려 무신들은 자신의 모든 정치적 행위에 대해 왕조를 수호하기 위한 것이라고 정당화했습니다. 이후 왕위 계승에서도 왕실 내 적합한 인물을 선택하는 방식을 유지하며 왕실의 정통성을 인정했습니다.

　정리하자면, 무신정변은 애초에 왕조를 교체하거나 스스로 왕위에 오르기 위해 계획된 정변이 아니었기에 고려 왕조 자체를 부정하지 않았습니다. 실질적으로 정권을 장악하고 왕을 교체하기도 했던 무신들이지만, 나라의 기본 틀과 체제에서는 벗어나지 않고 그 자리에 만족했다고 할 수 있습니다.

```
┌─────────┐
│   23    │
└─────────┘
```

고려의 왕자였던 의천은
왜 가출하려고 했을까?

집을 떠나는 일은 결코 쉬운 일이 아니며, 끼니와 잠자리를 해결하기가 어려워 금세 돌아오기 마련입니다. 그런데 고려시대에 한 왕자가 몰래 가출한 일이 있었습니다. 바로 고려의 유명한 승려, **의천**의 이야기입니다.

왕자 가출 사건을 이해하기 위해서는 고려 사회의 독특한 풍습을 먼저 살펴봐야 합니다. 고려시대에는 왕의 아들, 즉 왕자가 여러 명일 경우 그중 한두 명은 반드시 승려가 되어야 하는 전통이 있었습니다. 이는 왕실에만 국한된 것이 아니어서, 몇몇 고위 관료 가문에서도 장남 이외의 아들은 승려의 삶을 살았는데, 인주 이씨 가문에서 배출된 소현이 그 대표적인 사례입니다.

이러한 관행이 빈번해지자 관련 규제도 제정되었습니다. 처음에

3부 읽다 보면 빠져드는 고려사 이야기   159

는 아들이 4명 있을 경우 그중 1명을 승려로 삼을 수 있다는 규정이 생겼으나, 나중에는 조건을 맞추기 어렵다는 이유로 아들이 3명만 있어도 그중 1명이 승려가 될 수 있도록 변경되었습니다. 고위 가문과 왕실에서 자녀를 승려로 삼는 관행은 고려 사회가 불교를 얼마나 중시했는지, 그리고 불교에 영향력을 행사하려는 의도가 얼마나 강했는지를 보여 줍니다.

왕자 가출 사건의 주인공 역시 그렇게 승려가 된 의천입니다. 의천이 승려가 된 나이는 불과 11세였지만 그다음 해에는 고려 교종 승려의 최고직인 승통에 임명되었습니다. 의천이 뛰어난 학식을 갖췄던 것 또한 한 이유겠지만, 그가 이렇게 빠르게 고위직 승려가 될 수 있었던 배경에는 왕실의 의도가 작용한 것으로 보입니다. 의천의 생애를 기록한 두 개의 비석 중 하나인 영통사 비석에는 의천이 "스스로 청해서 승려가 되었다"라고 적혀 있지만, 다른 비석인 선봉

사 비석에서는 "문종의 뜻을 받들어 출가한" 것으로 기록되어 있습니다.

이처럼 어린 나이에 승려가 되어 빠르게 승진한 의천의 사례는 왕실이 왕자 출신의 승려를 내세워 불교계를 장악하려 했던 의도로 해석할 수 있습니다. 의천이 처음으로 스승으로 모신 경덕국사 난원 또한 의천의 외삼촌이었습니다.

왕실의 의도가 무엇이었든 간에, 의천은 출가한 이후 불교 경전의 내용을 익히는 데 매우 열심이었습니다. 스승인 경덕국사가 죽은 후에도 그는 계속해서 배움을 이어 갔고, 다양한 학문 분야에 걸쳐 사람들과 토론하며 학습했다고 전해집니다.

그러던 어느 날, 의천은 송나라로 유학을 떠나고 싶어 합니다. 당시 송은 고려보다 발전된 불교 학문과 저명한 승려들이 활발히 활동하던 곳이었으므로 그곳에서 식견을 넓히고 더 많은 것을 배우려

왕실의 뜻을 받들어 출가합니다.

고려 왕실

한 것입니다. 그러나 당시는 의천의 할아버지인 현종 대에, 고려가 거란과의 전쟁을 마치고 송과의 교류를 중단하기로 약속하면서 송과 고려 간의 공식적인 외교가 끊어진 때였습니다.

당시 거란은 서쪽의 송을 공격하며 대륙으로 세력을 확장하려 했습니다. 그러나 송과 우호적인 관계를 맺고 있던 고려가 송과 연합해 거란을 공격할까 우려했기에 거란은 구실을 들어 여러 차례 고려를 공격했으나 고려는 버텨 냈습니다. 거란이 처음 고려를 침략했을 때, 고려는 송과의 교류를 끊고 거란에게 예를 갖추겠다고 약속하기도 했습니다. 이때 실제로는 거란 몰래 송과의 관계를 유지해 왔는데, 거란과의 마지막 전쟁 이후에는 더 이상 송과의 교류를 지속하기 어려워졌고, 결국 완전히 단절하기에 이르렀습니다.

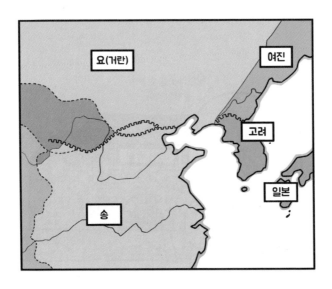

이러한 상황은 현종에서 문종 대까지 이어졌습니다. 아무래도 상황이 좋지 않았기에 의천이 공부를 위해 송으로 유학하려 하자 대신들은 반대했습니다. 의천이 평범한 승려였다면 개인적으로 송나라로 떠나는 것이 문제 되지 않았겠지만, 그는 왕자였기 때문입니다. 물론 불교 관례상 승려는 출가 후에 즉시 이전 사회와 연을 끊지만, 의천은 왕자로서의 신분을 완전히 벗어날 수 없었습니다. 왕자인 의천이 송나라로 가게 되면 그를 수행하는 사절단은 외교 사신으로 간주되고, 의천 역시 송나라의 황제에게 인사를 해야 했습니다. 이는 곧 공식적인 외교 행위로 여겨질 수밖에 없었기에, 대신들이 반대한 것입니다. 그나마 문종 대로 접어들면서 송과의 외교가 조금씩 재개되었기는 했지만, 거란에 빌미를 줄 수 있는 의천의 유학은 위험 부담이 컸습니다. 이러한 문제로 의천은 오랫동안 그 꿈을 접어야 했습니다.

그러나 시간이 흘러 31세가 되었을 때, 의천의 형인 선종이 즉위하자 의천은 밤에 몰래 궁을 빠져나가 송으로 가는 배를 탔습니다. 당시 고려와 송나라 사이에는 공식적인 외교는 단절된 상태였지만 상인들이 오가는 배는 여전히 운영되고 있었기에 가능한 일이었습니다. 다음 날 이 소식을 들은 선종은 신하들에게 의천을 쫓아가게 했지만 따라잡지 못했습니다.

　송나라로 떠난 의천은 그곳에서 다양한 승려들과 교류하며 새로운 학문을 배웠으며 문헌을 열심히 수집하여 고려로 가져오기까지 했습니다. 귀국 후, 의천은 송나라에서 배운 내용을 바탕으로 고려 불교계에 큰 변화를 일으켰습니다. 기존 불교계의 관행을 혁신했을 뿐만 아니라, 송나라에서 접한 새로운 종파를 기반으로 고려에서 천태종을 창시하며 불교 발전에 크게 기여했습니다.

또한 의천은 나라에서 수집한 문헌을 모아 목록을 작성하고 이를 직접 간행하기도 했습니다. 이 작업의 결과물이 바로 '교장'이며, 그 목록은 '신편제종교장총록'으로 알려져 있습니다. 교장은 대장경과 더불어 우리나라를 대표하는 불교 문헌 모음집으로, 세계적으로도 높은 평가를 받고 있습니다. 이 모든 성과는 의천이 송나라 유학을 통해 이루어 낸 결과입니다. 의천 자신도 가출이 이런 결과를 가져올 것이라고는 예상하지 못했겠지만, 그는 개인적인 학문적 성취를 넘어 동아시아 승려들의 문헌을 집대성하는 거대한 업적까지 남긴 인물로 기억됩니다.

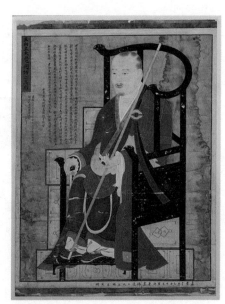

순천 선암사의
대각국사 의천 초상.

24

원나라는 왜 자국의 공주를
속국인 고려 국왕과 결혼시켰을까?

13세기 후반은 고려가 몽골과 강화를 맺은 후 몽골의 간섭이 본격화된 시기입니다. 몽골은 중국 대륙을 장악한 뒤 국호를 '원'으로 정했고, 고려의 국정에 깊이 관여했는데, 이 시기를 '원 간섭기' 또는 '원 복속기'라고 부릅니다. 어느 정도로 깊이 관여했냐면 고려의 왕들이 원의 뜻에 따라 폐위되거나 복위되는 일이 빈번할 정도였습니다.

그런데 주목할 만한 점은 이 시기 고려 국왕들이 원나라 황실의 공주들과 혼인했다는 사실입니다. 충렬왕의 왕비 제국대장공주를 시작으로 공민왕의 왕비 휘의노국대장공주에 이르기까지, 고려 국왕 다섯 명이 원나라 공주와 혼인 관계를 맺었습니다. 특히 충숙왕은 원나라 공주 네 명과 혼인했다는 기록이 있는데, 고려에 강력한 영향력을 행사하던 원나라가 무엇이 아쉬워서 자국의 공주를 고려로 보내 국왕과 혼인하게 하고, 고려를 사위국으로 삼는 이해하기 어려운 정치적 선택을 한 걸까요? 이 독특한 관계에 역사학자들은 주목하여 양국 간의 정치적 이해관계를 분석했습니다.

고려 국왕으로서 원나라 공주와 결혼한 첫 번째 왕은 원종의 아들 인 충렬왕입니다. 충렬왕은 원종이 태자 시절 원나라에 머무를 때, 태손으로서 고려의 정무를 임시로 담당했습니다. 이후 원종이 귀국 해 즉위하자 이번에는 그가 태자로서 원나라에 머물렀고, 원종이 사 망한 뒤에는 원나라 공주와 혼인해 함께 고려로 돌아왔습니다.

충렬왕의 혼인 시기는 원종이 원나라 황제에게 아들의 혼인을 청 하는 글을 올린 시점을 통해 짐작할 수 있는데, 이는 **임연의 난**이 일 어난 직후였습니다. 임연의 난은 고려 신하 임연이 원종을 폐위하 고 왕족 안경공 왕창을 새로운 왕으로 추대한 사건으로, 사태의 진 상을 파악하기 위해 원나라 황제는 새로 즉위한 왕과 임연, 그리고 폐위된 원종을 모두 소환했습니다. 소집한 자리에서 임연은 반란

사실을 부인했으나 황제는 이를 믿지 않았고, 오히려 원종의 안위를 걱정하며 고려의 신하들을 강하게 문책했습니다.

결국 원나라 황제의 도움으로 원종은 왕위를 되찾을 수 있었고, 이후 원종은 감사의 뜻을 표하며 자신의 아들 충렬왕과 원나라 황실 공주의 혼인을 청했습니다. 원나라가 인정한 왕을 고려 신하가 폐위시킨 이 사건은 양국 관계에 심각한 균열을 초래할 수 있는 사안이었기에, 학계에서는 불안정했던 양국 관계가 혼인을 통해 안정기를 맞이했다는 의견이 지배적입니다.

더욱이 임연의 난이 발생하기 1년 전, 남송과의 대규모 전투를 치른 원나라는 고려와 남송이 연합할 가능성을 크게 우려하고 있었습니다. 이러한 정세 속에서 원나라 입장에서도 고려의 충성을 보장할 제도적 장치가 필요했을 것으로 보입니다.

원나라의 이러한 정치적 의도는 충렬왕의 혼인을 승인하는 과정에서도 드러납니다. 원종이 혼인을 요청하자 원나라는 허락은 하되

아직은 때가 아니라며 결정을 미루었고, 이듬해 원종이 재차 혼인을 청하자 마침내 허락했습니다.

> 왕[원종]은 추밀원사 김련을 함께 보내며 원나라에 혼인을 요청했다. 청혼 표문의 내용은 다음과 같았다. "제가 얼마 전 황제를 알현했을 때, 극진한 대우를 받았으며, 장차 세자를 황실의 한 분과 혼인시키기를 바랐습니다. 황제께서 이를 흔쾌히 허락하셨으니, 진실로 제 소원이 이루어진 것입니다. 그때 황제께서는 '귀국하여 육지로 돌아간 뒤에 다시 요청하라'라고 말씀하셨습니다." [중략]
> ─『고려사』권27「세가」권27 원종 12년 1월, 11월, 현대어 편역

원나라가 혼인을 허락하지 않다가 결국 허가한 그 시기에 눈에 띄는 사건이 하나 있는데, 바로 몽골에 대항하던 고려의 무장 세력인 **삼별초의 난**입니다. 고려 조정이 원나라와 조약을 맺고 개경으로 환도하기로 결정했지만, 삼별초는 이에 반대하며 해산 명령을 거부하고 새 왕을 추대하며 반란을 일으켰습니다. 반란이 계속되자 원나라는 고려의 혼인을 허락한 것으로 보이며, 일부 학자들은 원나라가 이 군사적 위기를 타개하기 위해 고려에 먼저 혼인을 제안했을 것이라고 해석하기도 합니다.

사실 원나라와 고려의 관계는 단순히 침략국과 복속국의 관계로만 보기는 어렵습니다. 원나라는 고려의 정치적 문제에는 개입했지만, 풍속과 제도는 그대로 유지하도록 했습니다. 또한, 원나라에서 고려 국왕에게 '고려 국왕'이라는 호칭을 사용한 것 역시 고려를 독립적인 왕국으로 인정한 표현이라 볼 수 있습니다. 이 외에도 고려는 속국으로서 원나라에 여러 의무를 요구받았지만, 때로는 이를 회피하거나 이행하지 않는 경우도 있었습니다. 실제로 고려가 약속을 지키지 않자 몽골 황제가 이를 질책하는 조서를 보낸 사례도 있습니다.

　결국 원나라가 황실 공주를 고려 국왕과 혼인시킨 것은 복잡한 국제 정세와 양국의 이해관계가 맞아떨어진 결과였습니다. 이후 충렬왕이 '부마 국왕'으로 책봉되면서 원나라와 고려는 이중적 관계를 맺게 되었고, 이는 양국 관계에 새로운 전환점이 되었습니다. 원나라는 이러한 혼인 정책을 통해 고려를 효과적으로 통제하면서도 안정적인 관계를 유지할 수 있었던 것입니다.

4부

알고 나면 더 재밌는
고려 사회 이야기

25

고려시대에도
고소할 수 있었을까?

오늘날 우리는 분쟁이 생기면 상대에게 소송을 걸어 재판을 하기도 합니다. 형법을 어겨 나라에서 벌을 받는 재판 과정을 형사라고 한다면, 사람들 사이의 이해관계가 얽힌 다툼에서 어느 쪽이 옳은지를 판단하는 재판 과정은 민사라고 합니다. 그런데 고려 사람들도 갈등이 생기면 상대를 고소한 뒤 재판을 열어 시비를 가렸을까요?

결론부터 말하면 고려에서도 나라에서 규정한 법을 어긴 데에 대한 벌을 받았을 뿐 아니라, 일반 사람들 사이의 이익과 손해를 둘러싼 민사소송이 존재했고, 이를 **사송**詞訟이라고 합니다.

사송은 고려의 행정 부서 중 하나인 형조에서 다루었습니다. 송사의 내용은 주로 토지나 노비 등의 재산 관련 분쟁이었으며, 채무와 관련된 사건도 많았습니다. 다만 채무 소송의 경우, 오늘날과 같이 채무자가 살아 있어야만 제기할 수 있었고, 채무 문서가 없는 상태에서 채무자가 사망한 경우에는 추징을 금지하는 교서가 내려지기도 했습니다.

소송을 제기한 원고는 재판이 시작되기 전, 진술에 거짓이 있다면 처벌을 받겠다는 일종의 서약서로 추측되는 문서를 제출해야 했습니다. 이후 양측에 동등한 변론 기회가 주어졌는데, 어느 한쪽이라도 재판에 나오지 않으면 재판이 진행되지 않았습니다. 이를 악용하여 일부러 재판에 나가지 않는 경우도 있었기 때문에, 고소당한 사람이 소환에 여러 번 응하지 않으면 곤장 열 대를 쳐서 벌하고 재판을 진행하도록 했습니다. 태조는 담당 관리가 고의로 재판을 중단하는 경우에도 처벌했으며, 또한, 권력을 이용해 재판을 방해하는 자의 명단을 보고하도록 명하기도 했습니다.

기한 안에 변론을 마치고 증거를 확인하고 증인을 심문하면, 드디

어 최종 판결이 내려졌습니다. 공노비나 사노비에 대해 판결한 판결문은 2부를 만들어서 1부를 승소자에게 주고 1부는 관에 보관했다가 향후에 증거자료로 사용하게 했습니다.

사송은 신분에 관계없이 누구나 제기할 수 있었으며, 노비에게도 송사를 제기할 권리가 있었습니다. 한 예로 『고려사』에는 천민 신분으로 되돌려진 노비가 다시 양인이 되겠다며 소송을 제기할 경우 어떻게 처벌해야 하는지 규정하는 내용이 남아 있는데, 이를 통해 노비 역시 소송을 제기할 수 있었음을 알 수 있습니다. 비록 노비가 구체적으로 어떤 절차를 거쳐 소송했는지를 보여 주는 기록은 남아 있지 않지만, 고려시대에 가장 낮은 신분이었던 노비도 소송을 할 수 있었다는 점은 분명합니다.

그러나 고려의 지식인들은 사송을 부끄러운 일로 여겼습니다. 일례로, 고려시대 문신 이혁유가 세상을 떠난 직후 그의 조카와 손자

들이 이혁유의 재산을 두고 소송을 벌였는데, 당시 사람들이 이들을 비난했다고 합니다.

공양왕 대에는 노비를 두고 과하게 소송하는 상황을 문제 삼아 소송을 규제하려고 합니다. 사람들의 탐욕으로 인해 소송이 무분별하게 발생하고, 판결을 내리는 사람 또한 권력자에게 아첨하느라 이전 판결의 내용을 무시한 채 임의로 판결을 내리는 문제가 있다는 이유에서였습니다. 사람들끼리 서로 비방하는 풍조가 만연해지자, 무분별한 소송을 막고 진짜로 억울한 사람들만 소송을 제기할 수 있도록 별도의 감찰 기구가 설치되기도 했습니다.

이렇듯 사람들 간에 이해관계를 다투는 행위가 사회질서를 어지럽힌다는 인식이 존재했지만, 현실에서 발생하는 수많은 분쟁을 해결하기 위해 재판은 계속해서 진행되었습니다. 백성의 소송을 접수

하고도 처리하지 않는 관리에 대한 처벌 규정도 마련되어 있었고, 소송의 판결 기한 또한 사안의 경중에 따라 구체적으로 정해 두었습니다. 판결을 담당하는 사람은 작은 일은 5일, 중간 정도의 일은 10일, 대규모 사건은 20일 이내에 최종 판결을 내려야 했는데, 이러한 제도는 고려가 소송을 현실적 문제로 받아들이고 이를 해결하기 위해 적극적으로 노력했음을 보여 줍니다.

26

고려 사람들의 연애 스타일은
지금과 많이 달랐을까?

현대인들은 원하는 상대와 자유롭게 연애하고 헤어지며, 이별 후에 다른 사람을 만나 새로운 관계를 시작하기도 합니다. 이러한 자유연애는 근대 이후에 본격화되었지만, 사실 고려시대 사람들도 상당히 자유로운 연애를 했습니다.

고려의 연애 문화에 대한 기록은 송나라의 역사서 『송사宋史』에서 찾아볼 수 있습니다. 『송사』에는 송나라 입장에서 본 여러 외국의 기록이 존재하는데, 그중 고려는 남녀 관계가 매우 개방적인 나라로 묘사되어 있습니다. 예를 들어 고려는 "남녀가 스스로 부부가 되는 것을 금지하지 않았고, 여름에는 한 냇물에서 함께 목욕하였다"라고 기록되어 있습니다. 이는 고려 사회가 연애결혼을 허용했으며, 남녀가 집 밖에서 만나 냇물에서 어울려 목욕할 수 있을 만큼 성적으로 개방적인 분위기였음을 보여 줍니다.

고려에 방문했던 송나라 사신 서긍도 비슷한 감상을 남겼습니다. 서긍은 고려에 사신으로 와 있는 동안 직접 보고 들은 것을 기록했는데, 그중 고려의 목욕과 세탁 문화에 대해 "옛 역사서에 따르면 고려의 풍속은 모두 깨끗하다고 기록되어 있으며, 여전히 그러하다"라고 써 두었습니다. 그 기록에 따르면 고려 사람들은 아침에 일어나면 먼저 목욕을 한 뒤에 집을 나섰고, 여름에는 하루에 두 번씩 목욕을 했다고 합니다. 특히 여럿이 냇가에 모여서 남녀 구별 없이 옷을 언덕에 벗어 놓고 몸을 씻었으며, 물살에 속옷이 비쳐 보이는 것을 부끄럽게 여기지 않았다고 합니다.

또한 고려 가요에는 남녀의 애정을 노골적으로 표현하는 작품이 많습니다. 이러한 노래가 자유롭게 불렸다는 사실은 남녀 간의 사랑이 그만큼 자유로웠던 고려 사회의 분위기를 보여 줍니다.

『고려사』에는 여성이 먼저 적극적으로 구애했다는 기록도 여럿 남아 있습니다. 예를 들어, 명종 대에 관직에 오른 관리 최세보에게 는 최비라는 아들이 있었는데, 최비는 잘생긴 외모로 유명했다고 합니다. 어느 날 태자가 총애하던 여종 한 명이 궁궐 담장 안에서 최비에게 귤을 던져 호감을 표현했고, 최비는 그 여종과 몰래 관계를 맺었습니다. 이 사실이 발각되자 왕은 최비를 법으로 처벌하려 했지만, 신하들의 변호로 최비는 처벌을 면했고 여종은 궁에서 쫓겨나 비구니가 되었습니다.

그런데 이후 최비가 비구니가 된 여종과 계속 만난다는 사실이 다시 발각되면서 최비는 결국 유배를 가게 되었습니다. 이 일화는 고려시대 여성들이 마음에 드는 남성에게 적극적으로 구애했으며, 신분에 상관없이 자유로운 연애가 가능했음을 보여 줍니다.

이러한 개방적인 분위기 때문인지는 몰라도, 고려 사람들은 결혼

최비 님, 제 사랑을 받아 주세요.

최비가 누구야?

한 사람이 배우자를 두고 다른 사람과 사랑을 나누는 간통에 대해서도 현대인들보다 관대했습니다.

예를 들어 공민왕 재위 시절, 양백연이라는 사람이 신귀의 아내 강씨와 간통한 적이 있습니다. 관리들의 부정을 감찰하는 기구인 어사대에서 양백연을 탄핵했지만, 이때 고위 관료였던 경복흥이 강씨를 옹호하고 나섰습니다. 경복흥은 강씨가 절개를 잃은 것은 남편이 유배되어 무료함을 견디지 못했기 때문이라고 변호합니다. 당시 청렴한 성품으로 유명했던 경복흥이 여성의 외도를 환경적 요인으로 돌리며 이해하는 태도를 보인 것입니다. 나아가 경복흥은 현재 유배된 사람이 많아 그 아내 중 외로움을 이기지 못하고 다른 남자와 관계를 맺는 사례가 많으니, 유배된 자들을 모두 석방해 달라고 왕에게 요청했습니다. 결국 왕은 이 제안을 수용했고 유배된 이들을 고향으로 돌려보냈다고 합니다.

이러한 개방적인 분위기는 노비 계층 사이에서도 나타납니다. 일례로 고려의 권력자 최충헌의 노비였던 동화라는 여인은 빼어난 미모로 유명했는데, 동화는 마을 사람들은 물론 최충헌과도 관계를 맺었다고 합니다. 어느 날 최충헌이 장난삼아 "누구를 남편으로 삼고 싶으냐"라고 묻자, 동화는 망설임 없이 최준문이라는 인물을 지목했습니다. 이를 들은 최충헌은 즉시 최준문을 불러 고려군의 지휘관 중 하나인 대정隊正으로 임명했습니다. 이후 최준문은 대장군이 되었을 뿐 아니라, 최충헌의 오른팔로까지 활약했다고 합니다.

주목할 만한 점은 여성 노비가 자신의 주인과도, 마을 사람들과도 관계를 맺었고 이를 부끄러워하지 않았으며, 주눅 들지 않고 오히려 당당하게 자신의 배우자를 선택했다는 것입니다. 이처럼 고려 사회는 성 관념이 상당히 개방적이었습니다.

27

고려 사람들도
이혼·재혼할 수 있었을까?

　오늘날에는 부부간 갈등이 있을 때 최악의 상황에서 이혼을 선택하고, 이혼 후 새로운 배우자와 재혼하는 일이 자연스럽게 받아들여집니다. 그런데 이러한 이혼·재혼 문화는 고려시대에도 존재했습니다. 고려를 방문한 송나라 사신 서긍은 "고려의 부유한 집안에서는 아내를 3~4명이나 두었으며, 사소한 불화에도 쉽게 헤어졌다"라는 기록을 남기며 당시 고려의 혼인 관습을 전하기도 했습니다.

　다만 서긍의 기록과는 달리 고려 사회의 혼인 제도는 기본적으로 일부일처제가 중심이었습니다. 물론 일부 상류층에서는 첩을 두는 경우가 있었고, 처나 첩이 마음대로 남편을 떠났을 때 처벌하는 법도 존재했습니다. 그러나 여러 기록을 종합해 볼 때, 대체로 부인을 한 명만 두는 것이 고려 사회의 보편적인 혼인 관습이었던 것으로 보입니다.

일례로, 충렬왕 대에 박유라는 관리가 일부다처제를 허용하고 첩의 아들도 벼슬에 오를 수 있게 해 달라는 상소를 올린 적이 있습니다. 당시 고려 사회는 남자가 적고 여자가 많았기 때문에, 귀족과 백성 남자들이 모두 아내를 한 명만 둔다면 고려 여성들이 다른 나라 사람과 결혼해 인재가 유출될 우려가 있다는 주장이었습니다.

그러나 이 소식이 전해지자 당시 여성들은 박유를 매우 싫어하게 되었는데, 기록에 따르면 나라에서 연등회가 열리던 날 저녁에 길을 가던 박유를 보고 사람들이 손가락질하며 욕을 했다고 합니다. 게다가 당시 관리 중에는 자신의 아내를 두려워하는 이들도 많아서, 박유의 제안은 논의 단계에서 멈추고 실행되지는 못했습니다.

이렇듯 일부일처제가 일반적이긴 했지만 고려에서는 부부간에 맞지 않을 경우 비교적 자유롭게 이혼하고 재혼할 수 있었습니다.

고려의 개방적인 혼인 문화는 왕실에서도 나타났는데, 그 대표적인 사례가 충렬왕의 왕비였던 숙창원비 김씨입니다.

충렬왕의 첫 번째 왕비였던 제국대장공주가 세상을 떠난 뒤, 그의 아들 충선왕은 아버지가 총애하던 후궁을 제거하고 충렬왕에게 숙창원비 김씨를 보내 새 왕비로 맞이하게 했습니다. 그런데 숙창원비 김씨는 결혼한 지 얼마 안 되어 남편을 잃고 과부가 된 여인이었습니다. 즉 재혼을 통해 왕의 부인이 되는 것이었지만, 이는 당시 고려 사회에서 전혀 문제가 되지 않았습니다. 오히려 숙창원비는 원황태후와 돈독한 관계를 유지하며 높은 권위를 누렸고, 제국대장공주와 다를 바 없는 의복을 입으며 그에 준하는 대우를 받았습니다.

충숙왕의 왕비였던 수비 권씨와 충선왕의 왕비였던 순비 허씨 역시 왕과의 결혼이 재혼이었습니다. 특히 순비 허씨는 전남편과의 사이에서 자녀를 일곱 명이나 두고 있었고, 허씨가 궁에 들어와 충

재혼이라도
전혀 상관 없답니다.

선왕의 부인이 된 뒤에 그 자녀들 모두가 왕자와 공주에 준하는 대우를 받았다고 합니다. 수비 권씨의 경우는 더욱 특별한데, 권씨는 원래 남편이 생존해 있었음에도 혼인 약속을 파기하고 왕비로 책봉된 사례였습니다.

왕실뿐 아니라 민간에서도 재혼이 이루어졌지만 반드시 서로가 모두 동의한 경우에만 가능했습니다. 결혼했다가 혼자가 된 사람을 함부로 대우할 수 없었고, 당시 사람들도 이를 잘 인식하고 있었습니다.

이를 잘 보여 주는 사례가 고려 우왕 대에 있었습니다. 당시 권세가였던 지윤은 사망한 대사헌 왕중귀의 부인과 혼인하기 위해 여러 차례 중매를 청했으나 모두 거절당했습니다. 성이 난 그는 결국 무리를 이끌고 왕중귀의 부인의 집에 무작정 들어갔습니다. 노비들이 부인에게 피하라고 권했으나, 부인은 지윤의 행위가 부당함을 알고 자리를 지켰다고 합니다. 지윤이 방으로 들어오려 하자 부인은 그의 수염을 잡아당기고 뺨을 때리며 호통을 쳤습니다. 지윤은 부끄러워하며 물러났고, 부인은 당시 실권자였던 최영에게 이 모욕적인 사건을 당당히 고발한 후 거처를 옮겼습니다.

이처럼 고려시대에는 이혼과 재혼이 비교적 자연스럽게 받아들여졌으며, 개인의 의사가 존중되었습니다. 여성에게도 배우자를 선택할 자유가 상당 부분 보장되었다는 점 역시 주목할 만합니다.

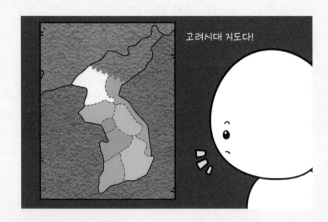

28

고려는 왜 세로로 기다란 동해안 전체를 하나의 구역으로 관리했을까?

고려시대의 지도를 보면 오늘날의 한반도와 영토 크기뿐 아니라 국토를 나누어 관리하는 방식도 많이 다릅니다. 고려는 전국을 5개 도와 2개의 계로 나누어 행정구역을 관리했으며, 각 도와 계에 서로 다른 체계를 적용했습니다. 이러한 행정구역 체계를 흔히 **5도 양계** 라고 부릅니다.

5도 양계 체제에서 오늘날과 가장 큰 차이를 보이는 지역은 바로 동해안입니다. 고려는 동해안 전체를 남북으로 길게 묶어 한 구역 으로 정했고, 이 구역이 바로 양계 중 하나인 동계입니다. 여기서 주 제의 의문이 생깁니다. 행정구역이 세로로 너무 길어지면 여러모로 관리가 어려웠을 텐데, 왜 고려는 조선이나 현대처럼 동해안을 여 러 구역으로 나누지 않고 하나의 구역으로 설정했을까요?

동계는 위 아래로 되게 길다!

고려의 5도 양계

   주제의 질문에 답하기 위해선 고려의 행정 체계에 대해 알아야 합니다. 고려는 행정적 성격이 강한 5도와 군사적 성격이 강한 양계를 구분해서 지정했고, 5도의 지방관으로는 안찰사를, 양계의 지방관으로는 병마사를 파견했습니다.

   이처럼 5도와 양계를 구분하여 지정한 이유는 외부의 적에 대비하기 위함이었습니다. 고려시대에는 전기부터 후기까지 거란, 여진, 몽골 등 북쪽에서 한반도로 여러 민족의 침략이 많았습니다. 이에 고려 정부는 국경 지역에 군사적 성격이 강한 통치 체계를 두어 외침에 대비했습니다. 실제로 양계는 거란의 침입을 받았던 성종 대에 설치되었으며, 양계에 파견했던 병마사가 실질적으로 기록에 등장하는 시점 역시 거란의 침입을 겪은 현종 대에 이르러서입니다.

봄 정월 경신. 거란의 병사들이 도성 가까이에 이르자, 강감찬은 병마판관 김종현을 보내어 병사 만 명을 거느리고 길을 서둘러 경성으로 들어가 호위하게 하였다. 동북면병마사東北面兵馬使 또한 병사 3300명을 보내어 지원하였다.

－『고려사절요』권3 현종顯宗 10년 1월. 현대어 편역

그런데 삼면이 바다로 둘러싸인 한반도는 외적의 침입이 주로 북쪽 대륙에서 이루어졌을 테고, 북쪽만 방어하면 나머지는 비교적 안전했을 것 같은데, 왜 북쪽 군사 지역인 북계뿐 아니라 동해안을 따라 이어지는 동계까지 설치했을까요?

그 이유는 외적의 침입 경로가 생각하는 것처럼 북쪽 육로에만 한정되지 않았고, 동해를 따라 배를 타고 침입하는 외적도 있었기 때문입니다. 특히 현종 대부터 숙종 대까지 여러 차례 바다를 통해 침입해 온 여진족들은 '동여진'이라고 불렸으며, 동여진의 해적선은 『고려사』에 무려 서른 번 넘게 등장합니다.

또한 현종 이전의 목종 대에도 동여진이 등주를 침입했다는 기록이 있는데, 여기서 등주는 지금의 함경남도 안변 지역입니다. 당시 기록에 "해적"이라는 표현은 직접적으로 등장하지 않지만, 등주가 국경 아래쪽 해안에 가까운 지역이라는 점에서 이를 바다로의 침략으로 해석하기도 합니다. 이 해석에 따르면 동여진의 해적선이 본

격적으로 등장했던 현종 대 이전부터 바다를 통한 위협이 지속적으로 존재해 왔다고 볼 수 있습니다.

한편, 고려는 동해에 자주 출몰하는 해적선을 막기 위해 동해안 곳곳에 성을 쌓아 방어를 강화하기도 했습니다. 북쪽 국경과 가까운 해안뿐 아니라 남쪽 해안까지도 해적의 침입이 이어졌기 때문입니다. 현종 대에는 동여진이 무려 경주 지역까지 침입해 노략질을 벌인 기록이 남아 있습니다. 이처럼 동해안 전체를 따라 외적이 자주 침입했기 때문에, 군사 행정구역은 북쪽뿐 아니라 동해안에도 설치되었습니다.

그러나 이렇게 외적으로부터 고려를 수호하던 군사 행정구역은 결국 몽골의 침입으로 무너지게 됩니다. 기마병 중심의 몽골군이 침략하자, 양계의 군사들은 몽골군을 피해 섬으로 도피하는 경우가 많았습니다. 이후 고려를 침공한 몽골군이 양계에 자신들의 통치

기구인 쌍성총관부를 설치하면서 양계 체제는 사실상 기능을 상실하게 됩니다.

하지만 그전까지 오랜 시간 고려를 지켜 왔던 변경 지역의 군사 특화 영역은, 끊임없는 외침에 대비해야 했던 고려의 상황을 보여 주는 중요한 사료이자, 고려가 이 국방 체제를 오랫동안 성공적으로 유지해 냈음을 입증하는 역사적 증거입니다.

29

고려시대 때 외국어 하는 사람은
어떻게 배운 걸까?

외국과의 교류가 필수적인 오늘날, 외국어는 매우 중요한 도구로 자리 잡았습니다. 하지만 세계화가 이루어지기 전에도 나라 간 교류는 꾸준히 이어져 왔습니다. 특히 외교가 필요한 상황에서 나라를 위해 일하던 통역관들은 역사 속에서 늘 중요한 역할을 맡아 왔습니다. 그렇다면 고려시대의 통역관들은 어떻게 외국어를 배웠을까요?

『고려사』에 따르면, 고려는 충렬왕 2년에 설치된 **통문관**이라는 기관에서 국가가 직접 통역 교육을 담당했습니다. 통문관 설치 이전에는 외국어를 가르치는 공식 기관은 없었고, 주로 낮은 신분 출신들이 통역을 맡았습니다. 그런데 이들 중 일부가 통역 내용을 왜곡하고 사익을 추구하는 일이 자주 발생했는데, 이를 막기 위해 참문

학사 김구가 통문관 설치를 건의했다고 전해집니다.

통문관이 설치되기 전에는 필요할 때마다 관련 기관에서 통역관을 선발하는 방식이 사용되었습니다. 가령 『고려사』에는 나라에 외국 손님이 올 때 접대를 맡던 기관인 예빈성에서 시험을 통해 통역관을 선발했다는 기록이 남아 있습니다. 또한, 송나라 사신으로 고려를 방문했던 서긍이 배를 타고 고려에 도착했을 때 통역관을 만났다는 기록도 전해집니다. 이를 통해 통문관 설치 전에도 고려에 나라의 일을 맡아 통역을 담당하던 관직이 존재했음을 알 수 있습니다.

그렇다면 충렬왕 때 통역 관리를 양성하는 기관을 별도로 둔 이유는 무엇일까요? 이는 당시가 원나라와의 외교가 매우 중요해진 시기였기 때문입니다. 몽골이 중국 본토를 침략해 정복하고 고려까지 침공하면서, 고려는 수도를 강화도로 옮기고 몽골군에 대항했습니다. 그러나 오랜 항전 끝에 고려는 결국 몽골과 화친을 맺고 몽골의 요구를 수용하기로 합니다. 이후 몽골은 중국 본토에 원나라를 세우고, 그전까지 이어져 온 중국 왕조의 체계를 표방했습니다. 그리고 고려는 국정 운영 전반에 원나라의 간섭을 받게 되었습니다.

원 간섭기에는 원나라가 고려에 매우 큰 영향력을 행사했습니다. 원나라 조정에서 결정한 인물이 고려의 왕이 되었고, 고려의 세자는 왕위에 오르기 전에 원나라에서 생활해야 했습니다. 충렬왕 역시 아버지 원종이 왕위에 오른 뒤 태자로 책봉되어 원나라에 머물렀던 경험이 있습니다. 고려는 나라의 이름을 완전히 잃지는 않았지만, 원나라 조정의 강한 간섭을 받으며 국정을 운영해야 했습니다.

이처럼 원나라와의 교류가 중요해지면서, 고려는 기존처럼 필요할 때만 관리를 선발하는 방식에서 벗어나 전문적인 통역관을 양성할 필요성을 느꼈습니다. 몽골어를 체계적으로 배우게 하여 나라

간 교역과 문서 전달을 더 원활하게 하려 한 것입니다.

충렬왕 때 활약한 조인규는 이러한 선발 과정을 통해 발탁된 대표적인 인물입니다. 조인규는 나라에서 뛰어난 인재들을 뽑아 몽골어를 배우게 했을 때 선발되어 학습에 전념했습니다. 통문관이 설치되기 전부터 그가 원나라에 사신으로 파견되었다는 기록도 남아 있습니다. 처음에 조인규는 다른 동료들보다 특별히 뛰어나지 않았지만, 3년간 몽골어 학습에 몰두한 끝에 장군의 지위에 올랐다고 합니다. 이후 고려 왕은 조인규를 새 관직에 임명하며, "몽골어와 한어에 능통하여 조정의 조서를 번역하는 데 오류가 없다"라는 내용의 추천서를 원나라 황제에게 보냈다고 전해집니다.

심지어 노비 출신이 몽골어 실력을 통해 권력을 얻은 사례도 있습니다. 강윤소라는 인물이 그 주인공인데, 노비 출신인 강윤소는 뛰어난 몽골어 실력을 인정받아 원종의 총애를 받았으며, 원나라

사신으로 파견된 뒤 그 공로로 벼슬길에 올랐습니다. 그는 이후 고려 왕을 모시며 활동했지만, 세자가 원나라에 갈 때 정식 수행 신하로 선발되지 않았음에도 왕의 허락 없이 따라갔습니다. 나중에 고려로 돌아올 때는 몽골식으로 머리를 깎고 자신을 원나라의 사신처럼 꾸미며 고려 왕에게 절조차 하지 않았다고 합니다. 이에 왕과 신하들이 분노했으나 아무도 강윤소를 제지하지 못했다고 하니, 그의 위세가 얼마나 대단했는지 짐작할 수 있습니다.

강윤소가 몽골어를 잘했기 때문에 큰 권력을 얻게 된 것을 보면, 당시 고려에서 몽골어가 얼마나 중요했는지 알 수 있습니다. 다른 한편으로, 노비 출신인 강윤소가 몽골어 실력만으로 출세할 수 있었다는 점은 고위 관료 가문들이 오히려 몽골어를 배우려 하지 않았을 수도 있다고 해석할 수 있습니다. 이처럼 통역관의 역할과 지위는 당시의 정치적 상황과 사회적 인식을 복합적으로 반영하고 있습니다.

몽골어 공부
열심히 하길 잘했지.

우쭐 우쭐

30

우리나라에서 언제부터
매사냥을 했을까?

"시치미 떼다"라는 말을 들어 본 적이 있을 것입니다. 과거 매를 이용한 사냥을 했을 때 매에 주인 이름표를 달았는데, 이 이름표가 시치미입니다. 간혹 이 이름표를 떼서 자기 매인 것처럼 꾸며 대는 경우가 있어서 "시치미 떼다"와 같은 표현이 생겼는데, 매는 우리 역사에서 귀중한 재산이자 사냥 파트너였습니다. 그렇다면 우리나라에서 매사냥은 언제부터 시작되었을까요?

매사냥은 원나라의 간섭을 받던 고려시대부터 본격적으로 기록에 등장합니다. 이 때문에 매사냥이 원에서 유입된 문화라고 생각할 수 있지만, 사실 삼국시대부터 이미 매를 이용한 사냥이 이루어졌습니다. 기록에 따르면 백제 아신왕이 왕위에 오르기 전부터 매사냥과 말타기를 즐겼다고 하고, 신라 신문왕 대에는 재상 충원공

이 길을 가다가 어떤 이가 매를 날려 꿩을 잡는 것을 목격했다는 일화도 전해집니다. 또한 나라 간 교류에서 매를 선물로 주고받았던 기록도 남아 있으며, 고구려 고분벽화에는 매사냥 장면이 생생하게 묘사되어 있습니다. 이러한 사례들은 매사냥이 삼국시대부터 이어져 온 우리의 오랜 문화적 전통임을 보여 줍니다.

매사냥은 고려시대에 크게 성행했는데, 고려에서 매는 **응방**이라는 기구에서 사육되었습니다. 응방에 관한 기록은 충렬왕 1년부터 등장하지만, 실제로는 그전부터 매를 사육했을 가능성도 있습니다. 충렬왕 34년에 정비된 응방은 이후 폐지와 재설치를 반복하다가 공민왕 20년에 자리를 잡았고, 응방 설치 이후 왕이 매로 사냥했다는 기록도 자주 나타납니다.

이렇듯 생각보다 오랫동안 이어져 온 매사냥이지만, 매와 관련된 업무를 담당했던 응방에 관해서는 부정적인 기록이 많습니다. 특히 『고려사』에는 응방의 관리들이 매를 뇌물로 바쳐 권세를 얻으려 했다거나, 왕을 사냥에 빠지게 만들어 정치를 멀리하게 했다는 내용이 자주 언급됩니다. 또한 왕에게 아첨해 총애를 받은 인물들을 다루는 『고려사』열전의 '폐행嬖幸' 항목은 그 서문에 "예로부터 신하 중에 왕이 좋아하는 것을 미리 파악해 이에 맞추는 일을 일삼는 자들이 있었다"라고 기록하고 있는데, 여기에서 '왕이 좋아하는 것'의 예시 중 하나로도 매사냥이 언급됩니다.

일례로 충렬왕을 세자 시절부터 모셨던 윤수라는 인물은 충렬왕 즉위 후 응방을 관리하며 마음대로 악행을 저질렀습니다. 윤수는 전국 여러 도의 응방을 관장하며 세금을 착취했고, 지방 관리들 중 자신의 뜻을 거스르는 자가 있으면 가차 없이 처벌했습니다. 그 만행이 얼마나 심했는지 당시 사람들이 윤수를 짐승처럼 여겼다고 합니다. 윤수는 원나라에 매를 바치고 돌아와서는 원 황제가 응방에 소속된 사람은 건드리지 말라 했다고 전하기까지 했는데, 사실 이는 그가 원나라 황제에게 직접 간청해서 얻어 낸 것이었습니다.

윤수의 장인인 김주정 역시 응방도감사로 재직하면서 매를 이용
해 왕의 환심을 샀고, 매번 왕명을 핑계로 삼았다고 합니다. 윤수와
함께 응방을 관장했던 박의라는 인물도 왕에게 아첨하다가, 당시 세
자였던 충선왕에게 "매와 개로 왕에게 아부한다"라는 비난을 받은
적이 있습니다. 이렇듯 충렬왕 가까이에서 권세를 누렸던 인물들이
모두 응방에 소속되어 있었고, 이들이 저지른 포악한 행동에도 사람
들이 어찌하지 못했을 정도로 기세등등했던 것을 보면, 응방이 국왕
과 권력에 얼마나 밀접하게 연결되어 있었는지 알 수 있습니다.

　　응방의 폐단은 당시에도 문제가 많았는데, 실제로『고려사』에는
응방이 기록에 처음 등장한 지 얼마 지나지 않아, 응방 사람들이 권
력을 이용해 백성을 괴롭힌 사건이 기록되어 있습니다. 나중에는
굶주림에 지친 백성들이 살던 곳을 버리고 응방에 들어가 사는 일
이 잦았다고 합니다. 이때 응방이 백성들에게서 걷은 물품이 너무
많아서, "매에게 먹이는 것이 고기가 아니며, 은과 베가 매의 배를
채운다"라는 말까지 나돌았습니다. 이에 재상들이 응방의 폐단을

잘 부탁드립니다.

없애야 한다고 충렬왕에게 요청하기도 했으나, 오히려 충렬왕의 분노를 샀고 문신 조인규가 간언을 올려 간신히 왕을 진정시킵니다.

이후 공민왕이 응방을 다시 설치했을 때도 이를 비판하며 폐지를 요청하는 상소가 이어졌습니다. 가령, 이부라는 신하는 왕이 응방을 설치해 매사냥을 즐기면 신하들이 본분을 잊을까 염려된다고 지적했습니다. 이에 공민왕은 응방을 재설치하면서 매를 기르는 이유가 사냥을 위해서가 아닌 매의 용맹함을 아끼기 때문이라고 설명했는데, 비판을 의식한 말이었을지도 모릅니다.

한편 응방이 단순히 매사냥만을 위한 기구가 아니라, 다양한 정치적 역할을 했을 가능성도 있습니다. 연구자에 따라 응방을 원나라에 매를 공물로 바치기 위한 기구로 보기도 하고, 충렬왕이 측근을 양성하고 권력을 집중시키는 수단으로 보기도 합니다. 또한 원과의 교류에 필요한 자금을 마련하는 방안이었다는 해석도 있어, 응방이 구체적으로 어떤 역할을 했는지는 여러 가지로 생각해 볼 수 있습니다.

31

태조 왕건의 동상은
왜 벌거벗고 있을까?

오늘날 위인이나 유명인의 동상을 세워 후세에 기억하게 하듯, 역사 속에서도 다양한 동상이 전해지고 있습니다. 그런데 문인상과 무인상, 불상 등 다양한 동상이 전해지는 것과 대조적으로 왕조 시대에 최고 권위자였던 왕의 모습을 담은 동상은 찾아보기 어렵습니다. 그나마 오늘날까지 유물이 전해지는 왕의 동상은 한국사의 수많은 왕 중에서 딱 하나, 고려 태조 왕건의 동상입니다.

태조 왕건의 동상은 1992년, 북한 개성에 위치한 왕건의 무덤인 현릉 확장 공사 중에 발견되었습니다. 현릉 근처에서 출토되었기 때문에 처음에는 왕건상을 무덤 조성 시 함께 묻은 부장품으로 해석했지만, 이후 연구를 통해 동상이 묻힌 시기가 고려 때가 아니라 조선 세종 대였다는 사실이 밝혀졌습니다. 고려 첫 번째 왕의 동상이 다음 왕조인 조선 전기까지 보관되어 있던 것인데, 그 기간 동안 태조상은 어떤 역할을 했을까요?

『고려사』와『조선왕조실록』에 따르면, 고려와 조선 왕실에서는 역대 왕들의 제사를 꾸준히 지냈으며, 특히 태조 왕건의 제사에는 왕건의 동상을 함께 모셨던 것으로 보입니다. 고려 후기에 고려가 몽골의 침략을 피해 강화도로 수도를 이전할 때, 근처에 집을 지어 역대 왕들의 신주와 함께 "봉은사의 태조 소상", 즉 왕건의 동상을 임시로 옮겼다는 기록이 이를 뒷받침합니다. 고려 왕실은 나라의 안녕을 위해 제사를 무엇보다 중시했기에, 급박한 상황 속에서도 신주와 동상을 모두 가져갔던 것입니다. 이후 몽골과 화친한 뒤 수도를 다시 개경으로 옮길 때에도 이들을 함께 가져왔습니다.

특히 기록에 등장하는 "봉은사의 태조 소상"이라는 표현은 태조의 동상이 태조의 제사에서 중심적인 역할을 했음을 보여 줍니다. 봉은사는 태조 왕건을 기리는 의례의 중심지로, 여기서 동상은 단순한 상징물이 아니라 제사의 중심 역할을 했습니다. 고려 1대 왕의 동상이 후기 기록에까지 등장하는 이유가 여기에 있습니다.

헐벗고 있지만
태조 왕건이라네.

그런데 광화문의 세종대왕상이나 절의 불상들처럼 다른 동상들이 대부분 옷을 입고 있는 것과 달리, 태조 왕건상은 완전히 나체로 표현되어 있습니다. 성기까지 묘사된 전신상을 나체로 만든 것은 매우 파격적으로 보이는데, 왜 고려 사람들은 태조 왕건의 동상을 이렇게 벌거벗은 모습으로 만들었을까요?

그 이유는 동상과 함께 출토된 유물들에서 찾을 수 있습니다. 왕건상이 처음 발굴되었을 때 얇은 비단 조각, 금동 띠고리, 옥띠 장식, 각종 장신구와 쇠고리 등이 함께 발견되었습니다. 즉 일부러 동상을 나체로 제작하고, 동상 위에 옷을 입힌 뒤 장신구를 착용했다고 추정할 수 있습니다. 실제로 『고려사』에는 신종 재위 시기 최충헌이 태조 제사를 지내고 의복을 바친 기록도 남아 있습니다.

연구자들은 고려 사람들이 동상을 나체로 제작한 뒤 제사 때마다 옷을 입힌 이유를 토속 신앙의 관점에서 해석합니다. 고려의 토속 신앙에서는 신상에 옷을 바치고 입히는 행위가 자주 발견됩니다.

예를 들어 고구려의 시조 동명왕의 제사는 고려시대에도 꾸준히 이어졌는데, 여기서도 사당에 제사를 지내고 옷을 바쳤다는 내용이 확인됩니다. 송나라 사신이 고려를 방문한 뒤 남긴『선화봉사고려도경』에서도 고려 사람들이 거란의 침입을 막아 준 신에게 기도하며 옷을 바쳤다는 기록이 남아 있습니다. 나신의 동상은 다른 나라에서도 종종 발견되지만, 이렇게 제사 의식에서 동상에 옷을 입히고 벗기는 행위가 반복적으로 나타나는 것은 고려만의 고유한 풍습입니다.

이렇듯 고려의 문화적 특징이 담겨 있는 태조 왕건의 동상은 조선 전기까지 보존되었다가, 세종 대에 왕건의 능 곁에 매장되었습니다. 기록에 따르면 세종은 고려 태조를 비롯한 선왕 8명의 제사에 관해 신하들과 논의하며, 다른 왕들은 모두 위패를 모시는데 태조만 동상으로 제사를 지내고 있으니 태조 역시 위패로 바꾸는 것이

따숩구나.

어떻겠냐고 제안했다고 합니다. 그러나 신하들은 왕건의 제사는 이미 오랫동안 동상으로 제사를 지냈다는 점과, 위패로 바꿀 경우 동상을 둘 곳이 마땅히 없다는 이유를 들어 반대했습니다.

그러나 이후 태조 왕건의 동상을 그의 능 곁에 묻자는 논의가 진행되었고, 이듬해 동상은 태조의 진영과 함께 능 옆에 매장되었습니다. 이때 고려 2대 왕 혜종의 진영과 동상도 함께 그의 능 옆에 묻었다는 기록이 남아 있어 혜종의 동상 역시 존재했으리라 추정됩니다. 하지만 실제로 발굴된 것은 태조 왕건의 동상뿐이어서, 이것이 오늘날 전해지는 유일한 왕의 동상입니다. 비록 동상이 태조의 실제 모습을 얼마나 사실적으로 묘사했는지는 알 수 없지만, 왕건의 동상은 우리나라 역사에서 왕의 얼굴을 형상화한 유일한 동상이라는 점에서 매우 중요한 역사적, 문화적 가치를 지닌 유물로 평가됩니다.

오늘날 전해지는
유일한 왕의 동상!

32

고려시대에는 자식들에게
재산 상속을 어떤 비율로 했을까?

과거의 제사 문화를 현대와 비교하면 많이 바뀌었습니다. 여성이 제사를 주도하기도 하고, 주도하지 않더라도 참여하기도 하는데, 여전히 많은 집에서 남성, 그중에서 장남이 제사를 주도하는 편입니다. 그리고 이런 관습은 조선 후기 때부터 있어 왔습니다.

제사는 자식들에게 부여된 일종의 의무였습니다. 이 의무는 부모가 사망한 뒤 물려받는 재산의 몫과 관련이 있었기에 조선시대에는 재산을 가장 많이 상속받는 장남이 부모의 제사를 모시는 것이 일반적이었습니다.

한편 고려시대에는 가정 내 여성과 남성의 지위가 크게 다르지 않았기에 자식들 모두가 제사를 함께 책임졌습니다. 부모의 유산도 자식들이 고르게 나누어 받는 균분상속도 일반적이었는데, 여러 기록에서 그 사례를 확인할 수 있습니다. 예를 들어 충렬왕 대의 문신 윤선좌는 병이 들자 아들딸들을 모두 불러 모아 "형제들이 화목하지 않게 되는 이유는 재산을 두고 다투기 때문"이라고 말하며, 모두에게 유산을 고루 나누어 주도록 하는 문서를 작성했습니다. 반면 인종 대의 문신인 이지저는 인품은 좋았지만 재물에는 인색했다고 전해지는데, 동생과 누이들에게 아버지의 유산을 나누어 주지 않은 일로 사람들에게 많은 비난을 받았다고 합니다.

> 이지저는 풍채가 아름답고 고상했으며, 마음이 관대하고 덕이 많았다. 문장과 업적 또한 뛰어나 한때의 영웅으로 평가받았다. 다만 재물에 인색하여 부친이 세상을 떠난 뒤 동생과 누이들에게 유산을 나누어 주지 않아 [중략] 당시 사람들이 비난하였다.
>
> ―『고려사』권95 「열전」 권8 제신 이지저, 현대어 편역

한편 충렬왕, 충선왕 대에 활약한 문신 나익희는 어머니가 6남매 중 유일한 아들인 자신에게 노비 40명을 더 물려주려고 하자 사양하면서 모두에게 재산을 똑같이 나누어 달라고 청했다고 합니다. 이 일화에서는 균분상속 문화 외에 재산상속의 주체가 어머니였다는 점도 눈에 띄는데, 고려시대에 여성이 결혼할 때 가져간 재산이

남편의 소유로 귀속되지 않고, 독립적으로 유지되었음을 보여 줍니다. 이러한 권리는 남편과 사별했거나 이혼한 경우에도 마찬가지였습니다.

다음으로 고종 대의 문신 손변이 맡았던 재판 중에도 남매간 유산 상속을 둘러싼 이야기가 있습니다. 한 남매가 어머니를 일찍 여의고 나중에 아버지마저 돌아가셨는데, 남매의 아버지는 어린 남동생에게는 의복, 모자, 신발, 종이 네 가지만을 남기고, 모든 재산을 누나에게 물려주었습니다. 동생은 부당하다며 반발했지만, 누나는 아버지의 뜻을 거스를 수 없다며 자신을 변호했습니다. 재판은 오랫동안 판결이 나지 않아 어린 동생이 성인이 될 때까지 계속되고 있다가 남매의 사정을 자세히 들은 손변이 현명한 판결을 내립니다.

손변은 아버지가 재산을 모두 누나에게 남긴 이유는 당시 어린 동생을 돌볼 사람이 혼인한 누나밖에 없었기 때문이며, 누나가 서

운함 없이 동생을 보살피길 바라는 뜻이었다고 설명했습니다. 또한 동생에게 남긴 네 가지 물건은, 동생이 누나의 보살핌을 받아 무사히 성인이 된 뒤에 의복을 갖추어 입고 종이에 소장을 써서 관아에서 자신의 권리를 찾으라는 의미라고 해석했습니다. 남매는 이 판결을 듣고 화해했으며 재산을 공평하게 나누어 가졌다고 합니다.

손변의 판결 이야기는 고려 사회의 중요한 분위기를 잘 보여 줍니다. 당시에는 재산상속 시 자녀에게 균등하게 나누어 주어야 한다는 인식이 있었고, 상속이 불공평하다고 느낄 경우 소송을 통해 문제를 제기할 수도 있었습니다. 또한 모든 재산을 딸에게 상속하는 것이 이상한 일이 아니었으며, 상속받은 딸 역시 자신의 권리를 당당히 주장할 수 있었다는 사실도 알 수 있습니다.

그렇다면 조선시대와는 무엇이 달랐기에 이런 차이가 있었던 걸까요? 차이점은 고려가 양측적 친속 사회였다는 점입니다. 양측적

우리 고려는 모든 유산을
똑같이 나누는 게 원칙이지.

친속이란, 간단히 말해 부계나 모계 혈통 중 어느 하나를 중심에 두지 않고, 아버지와 어머니 쪽 가계를 똑같이 중요하게 여기는 것을 의미합니다. 그런데 조선 후기 이후에는 아버지 쪽 집안인 친가를 어머니 쪽인 외가보다 더 중요하게 여기는 부계 중심 사회가 보편화됐고, 제사를 지내는 것이나 유산상속이나 아들 중심으로 이루어졌습니다.

이와는 달리 고려시대에는 아버지의 집안이든 어머니의 집안이든 모두 똑같이 가까운 가족으로 생각했습니다. 이 때문에 아버지나 할아버지의 관직에 따라 아들이나 손자에게 임시 명예직을 주던 음서 제도에서 친아들과 친손자뿐 아니라 외손자도 혜택의 대상이 되기도 했습니다. 또한 고려에서는 각 가정의 구성원을 파악하기 위해 호적을 작성했는데, 여성이 호주로 기록된 사례도 확인됩니다. 이렇게 보면 성평등이 강조되는 오늘날은 고려시대의 모습을 닮아가고 있다고도 할 수 있습니다.

5부

한 번쯤은 궁금했던
고려 문화 이야기

33

사람들은 풍수지리를 언제부터
믿고 따르기 시작했을까?

풍수지리風水地理는 산과 물의 형세를 살펴 명당을 점치며, 땅의 기운이 인간의 삶에 미치는 영향을 연구하는 전통 지리학입니다. 오늘날에도 집터나 묫자리 같은 중요한 위치를 정할 때 풍수지리를 따르는 경우가 많고, 믿지 않는 사람도 명당이라는 개념에는 익숙하며, 명당을 원합니다. 풍수지리는 신라가 멸망하고 고려가 건국되던 시기에 한반도에 본격적으로 자리 잡았는데, 그렇다면 당시 사람들은 풍수지리를 얼마나 믿고 따랐을까요?

풍수지리 사상은 우리나라에 예로부터 전해 내려왔고, 나라 전체에 퍼지게 된 것은 중국에서 체계화된 풍수지리가 하나의 학문으로 들어온 이후입니다. 풍수가 전래되는 데에는 승려들, 특히 지방의 선종 승려들이 주도적인 역할을 했는데, 그중에서도 통일신라시대의 승려인 선각국사 **도선**이 한국 풍수지리의 시조라 불릴 만큼 큰 영향을 끼쳤습니다. 도선은 지리산에서 만난 신비로운 인물에게 풍수지리를 전수받았다고 전해집니다.

스님[도선]께서 기이하게 여겨 약속했던 곳으로 찾아가 보니 과연 그 사람을 만났다. 그는 곧 모래를 끌어모아 산천에 대한 순역順逆의 형세를 만들어 보여 주었다. 돌아보니 그 사람은 이미 없었다.
[중략] 이로 말미암아 스님은 스스로 홀연히 깨닫고, 더욱 음양오행의 술術을 연구하였다.

　　　- 도선의 생애가 기록된 '옥룡사 선각국사비' 비문 현대어 편역

　도선은 살아생전에도 명성이 높았지만, 사후 더 큰 존경을 받았습니다. 그래서 고려 8대 왕 현종 때에는 '대선사'라는 높은 칭호를 받았고, 15대 왕 숙종 때는 왕의 스승이라는 뜻의 '왕사' 칭호를 받았으며, 17대 왕 인종 때는 나라의 스승이라는 뜻의 '국사'로 추증되었습니다. 이는 고려 사회와 왕실이 도선과 그의 풍수지리 사상을 얼마나 귀하게 여겼는지를 잘 보여 줍니다.
　고려를 건국한 태조 왕건 역시 풍수지리와 깊은 관련이 있습니다. 특히 왕건 이전의 계보를 다룬 『고려사』의 「고려세계」에는 왕건의

아버지 용건이 도선을 만났다는 이야기가 기록되어 있습니다. 어느 날 길을 가던 도선이 용건이 지은 집을 보고 "기장을 심을 땅에 마를 심었다"라고 말했습니다. 이를 전해 들은 용건은 도선을 급히 쫓아갔고, 두 사람은 함께 산에 올라 산맥과 천문을 살피며 운수를 점쳤습니다. 이때 도선은 용건에게 다음 해에 성스러운 아들이 태어날 것이라고 예언하며, 아이의 이름을 '왕건'이라 지으라고 조언했습니다. 이듬해에 정말 왕건이 태어났고, 왕건이 17세가 되었을 때 도선이 다시 찾아와 전쟁에서 유리한 지형과 시기를 택하는 법, 산천에 제사를 지내 신의 도움을 얻는 법 등을 알려 주었다고 합니다.

다만 도선에 대한 기록은 모두 후대에 작성되었으므로 이 일화는 후대에 덧붙여진 이야기일 가능성이 높습니다. 오히려 왕건이 정치적으로 이용했을 가능성이 있다고 볼 수 있는데, 아마도 당시 널리 퍼져 있던 풍수 사상을 통해 왕실의 권위를 강화하고 전쟁의 명분을 찾으려 했을 것입니다. 진실이 무엇이든, 고려 왕실이 지속적으

풍수지리로
명당도 찾고,
왕실 체면도 세우니
좋구나.

도선 이야기를
추가했습니다.

로 도선을 언급하며 풍수지리 사상을 활용한 것은 분명합니다.

그리고 왕건이 죽을 때 남겼다고 전해지는 열 가지 지침, 「훈요십
조」의 두 번째 조항에서도 도선이 언급됩니다. 「훈요십조」가 실제
로 왕건이 남긴 글인지는 마찬가지로 확실하지 않지만, 고려 사람
들은 이를 진실로 받아들였습니다.

도선의 말을 따라 제도를 정하자는 주장은 고려 말까지도 계속되
었습니다. 가령 의종 대에는 별궁을 짓는 과정에서 도선이 좋지 않
은 땅이라고 한 곳에 궁궐을 세웠으니 국가에 위기가 닥칠까 두렵
다는 이야기가 나왔습니다. 고려에 방문한 송나라 사신 서긍 역시
고려 사람들이 음양설을 신봉하여 나라를 세울 때 반드시 지형을
살핀 뒤 자리를 정했다는 기록을 남기기도 했습니다.

한편, 풍수지리와 관련해 빼놓을 수 없는 또 다른 인물은 **묘청**입니
다. 묘청은 풍수지리를 근거로 수도를 서경으로 옮기자고 주장했습
니다. 수도 개경은 이미 운이 다했지만 서경에는 왕의 기운이 남아
있으니, 왕이 옮겨 와 수도로 삼아야 한다는 주장이었습니다.

이 말을 들은 인종은 서경에 궁궐을 짓고 직접 행차했는데, 이듬해 서경에 위치한 중흥사라는 절의 탑에서 화재가 발생합니다. 이에 누군가 묘청에게 재앙을 누르기 위해 서경에 행차했음에도 오히려 재앙이 생긴 이유를 묻자, 묘청은 부끄러워했다고 합니다. 이후에도 왕이 서경에 행차할 때 비바람이 몰아치거나 왕의 말이 진흙에 빠지는 등 이상한 일이 잇따르며 서경 천도는 무산되었습니다. 묘청은 자신의 주장이 받아들여지지 않자 난을 일으켰고, 이 난은 김부식에 의해 진압되었습니다.

묘청이 서경으로 수도를 옮기려고 한 이유는 자신의 근거지인 서경을 수도로 만들기 위해 풍수지리를 이용했던 것으로 보입니다. 그러나 결과적으로 왕이 그의 설득에 넘어가 궁궐을 짓고 여러 차례 서경에 행차한 것을 보면, 당시 고려 사회에서 풍수지리의 영향이 얼마나 강력했는지 추정할 수 있습니다.

34

고려시대 사람들은
설날에 며칠이나 쉬었을까?

음력 1월 1일은 우리나라의 대표적인 명절인 설입니다. 설에는 신년을 기념하는 다양한 행사가 열리고, 사람들은 고향을 찾거나 소중한 이들과 시간을 보내며 새해를 맞이합니다. 나라의 가장 큰 명절 중 하나이기에 오늘날에는 일반적으로 설 당일과 그 전후 하루씩 총 3일을 공휴일로 정해 연휴를 보내고 있습니다. 그렇다면 고려시대 사람들은 설 연휴를 어떻게 보내고 얼마나 쉬었을까요?

고려 사람들은 나라의 중요한 명절을 **속절**俗節이라 불렀습니다. 속절은 모두 아홉 날이었는데, 원정元正, 상원上元, 한식寒食, 삼짇날上巳, 단오端午, 중구重九, 동지冬至, 팔관八關, 추석秋夕이 여기에 속했습니다. 이 중 가장 앞에 있는 '원정'이 오늘날의 설이고, '상원'이 정월대보름입니다.

고려는 속절에 죄인에게 형을 집행하지 못하도록 법을 정해 놓았으며, 각 명절에 관리들이 받을 수 있는 휴가 일수도 정해져 있었습니다. 『고려사』에 따르면 설날에는 당일을 전후로 무려 7일이나 휴가를 받을 수 있었고, 정월대보름에는 3일 동안 쉬었다고 합니다. 반면 추석에는 단 하루만 쉬었다고 하니, 추석이 설과 비슷한 위상을 가진 오늘날과 다르게 고려 사회는 설을 훨씬 중요하게 생각했던 것으로 보입니다.

이처럼 중요한 명절이었기에, 고려에서는 새해 첫날이 오면 크게 의례를 열었습니다. 지방 사람들도 의례에 참여하기 위해 수도 개경으로 올라오곤 했는데, 사람들이 종일 길을 달리느라 바쁘게 흙먼지가 날리던 풍경을 묘사한 시가 남아 있을 정도입니다.

고려의 설날 의례는 엄격한 절차에 따라 성대하게 치러졌습니다. 궁궐 대전에는 왕좌를 두었고, 기둥 바깥에는 동물 모양으로 만든

화로가 배치되었습니다. 그리고 궁전 뜰 중앙에는 재상들의 자리를 품계와 직급에 따라 설치했는데, 어사, 섭시중, 호부상서, 예부상서 등 각 신하의 자리가 세세하게 규정되어 있었습니다.

모든 자리가 정리되면 왕이 나와 신하들의 인사를 받고, 술과 음식을 내렸습니다. 이어 신하들 중 대표자가 왕에게 신년을 축하하여 예를 차리는 글인 하례 표문을 올리고 물러났고, 가끔은 왕이 직접 신년 하례 표문을 지어서 내리기도 했습니다.

고려 문인들의 문집에는 설날 의례에 다녀온 소감을 읊은 시문들이 많이 남아 있습니다. 가령 이숭인은 새벽부터 시작된 잔치 풍경을 묘사하며 흥겨운 감상을 드러냈습니다.

촛불이 환하게 붉은 담을 비추고, 煌煌蠟燭照彤墻

궁중의 물시계 소리 새벽빛을 재촉하네. 宮漏聲催動曙光

화려한 채장이 뜰 위아래로 늘어서 있고, 彩仗分開庭上下

붉은 용포는 대궐 한가운데에 높이 계시네. 赭袍高拱殿中央

외국에서 바친 온갖 보물들은 만맥(蠻貊)까지 통하였고 梯航玉帛通蠻貊

예악과 의복은 한과 당나라보다 뛰어나네. 禮樂衣冠邁漢唐

조회를 마치고 다시 잔치를 베풀어 주시니 朝罷更叨霑錫宴

동풍이 따스하게 불어 고운 술잔에 넘실거리네. 東風吹暖泛椒觴

－『동문선』권16, 이숭인 「칠언율시」, 현대어 편역

반면 의례에 참여한 또 다른 문인인 이규보는 나이가 들어서도 벼슬을 하며 의례에 참석하는 것을 부끄럽게 여기는 시를 남겼습니다. 참고로 이규보는 매년 새해가 되면 시를 지었는데, 주로 지나간 시간을 돌아보는 내용이 많았고, 새해는 늘 돌아오는 것이니 흘러간 시간이 슬프지, 새해가 반갑지는 않다고 털어놓은 시도 있습니다. 새해를 맞이하며 느끼는 복잡한 심경은 예나 지금이나 비슷했던 것 같습니다. 이처럼 고려 사람들은 저마다 다양한 방식으로 마음에 품고 있는 회포를 새해에 표현했습니다.

　궁궐과 관청의 문에는 관리들이 새해를 기념하며 지은 시문이 걸렸고, 사대부의 집에서도 각자 새해를 맞아 쓴 글을 걸어 두었습니다. 민간에서는 설날이 되면 조상의 신주 앞에서 제사를 지냈는데, 조상의 초상화를 모시고 승려들과 함께 절에서 부르는 의식 노래인 범패를 불렀다는 기록도 남아 있습니다.

또한 새해에는 도소주라는 술을 나누어 마시기도 했습니다. 중국 문헌에 따르면, 새해 아침에 온 가족이 옷을 단정히 갖춰 입고 모여 도소주를 차례대로 어른들께 올린 뒤, 어린 사람부터 일어나 나가는 풍습이 있었다고 합니다. 고려 문인들의 시문에도 새해에 도소주를 마셨다는 기록이 남아 있어, 고려의 설날 풍습이 중국의 새해 풍습과 유사했음을 알 수 있습니다.

이렇듯 고려 사람들은 설날에 나라에서는 성대한 의례를 치렀고, 민간에서는 가족끼리 둘러앉아 술을 마시며 즐겼습니다. 연휴 기간의 차이는 있지만, 설을 맞이하는 모습은 오늘날과 크게 다르지 않았음을 알 수 있습니다.

35

공민왕의 사랑은
왜 나라를 위기에 빠뜨렸을까?

타지마할은 인도 무굴제국의 황제 샤 자한Shah Jahan이 부인 뭄타즈 마할Mumtaz Mahal을 기리기 위해 지은 화려한 무덤입니다. 순백의 대리석으로 만들어진 이 웅장한 건물은 완벽한 좌우대칭의 구성으로 유명하며, 1983년에는 유네스코 세계문화유산으로 지정되었습니다. 그러나 이런 멋진 건물을 짓는 건축 과정에서 막대한 물자와 시간 등이 과도하게 투입되어 국가 재정에 큰 부담을 주기도 한 것으로 알려져 있습니다.

그런데 고려의 역사에도 건물을 짓다가 나라를 위험에 빠뜨리게 만든 사례가 있습니다. 고려 말 공민왕이 먼저 세상을 떠난 부인 노국대장공주를 위해 만든 **영전**影殿이 그것으로, 관련 기록이 『고려사』에 전해지고 있습니다.

노국대장공주는 원 황실의 사람으로, 세자 시절 원나라에 머물던 공민왕과 혼인한 뒤 그가 고려 왕으로 즉위하면서 함께 고려로 들어왔습니다. 두 사람은 애정이 무척 깊었다고 전해지며, 이를 잘 보여주는 사건이 공민왕 12년(1363)에 발생한 김용의 변란입니다. 변란이 일어나자 공민왕은 태후의 밀실에 숨어 담요를 뒤집어쓰고 몸을 피했는데, 이때 공주는 밀실의 문을 막고 앉아 난이 평정될 때까지 공민왕을 지키며 자리를 떠나지 않았다고 합니다.

그러나 공민왕을 이토록 사랑했던 노국대장공주는 아이를 낳다가 난산 끝에 그만 세상을 떠나고 말았습니다. 이때 공민왕은 깊은 슬픔에 빠져 직접 그린 공주의 초상화를 밤낮으로 보며 밥을 먹을 때조차 눈물을 멈추지 못했다고 합니다. 공주의 장례를 치른 뒤에도 왕은 3년 동안이나 고기를 먹지 않았고, 궁을 옮기자는 신하들의 권유에도 혼자서만 편안할 수 없다는 이유로 거절했습니다. 또한 새로 관직에 오르거나 사신으로 파견되는 신하들에게 반드시 노국대장공주의 능에 참배하도록 했습니다.

공민왕에게는 노국대장공주 외에도 여러 후궁이 있었지만, 공주를 잊지 못해 후궁들에게도 마음을 주지 않은 것으로 보입니다. 『고려사절요』에는 공민왕과 그의 어머니 명덕태후의 대화가 기록되어 있는데, 명덕태후가 아들에게 왜 후궁들을 가까이하지 않는지 묻자 왕은 공주만 한 사람이 없다며 눈물을 흘렸다고 합니다.

공민왕은 노국대장공주의 장례를 성대히 치른 뒤, 공주의 무덤인 정릉과 함께 공주의 초상화를 모시는 영전을 지으라고 지시했습니다. 영전 공사는 공민왕 15년부터 23년까지 무려 9년이라는 오랜 시간 동안 계속됐습니다. 영전 조성에 심혈을 기울인 공민왕은 조금이라도 마음에 들지 않거나 충분히 화려하지 않다고 판단되면 부수고 다시 짓도록 했습니다. 가령 공사가 시작된 지 7년째 되던 해에는 영전의 정문이 화려하지 않다며 다시 짓도록 했고, 종을 거는 누각인 종루가 완성되자마자 크고 높지 않다며 고치라고 명령하기도 했습니다.

영전 공사는 이렇게 엄청난 자원이 끊임없이 투자되었고, 그 기간

도 계속 늘어났습니다. 국가 재산을 사용하는 일이었기에 신하들의 불만과 걱정도 커져만 갔습니다. 이에 유탁과 안극인이라는 신하가 백성들이 가뭄으로 굶주리고 있으니 공사를 중단하자는 간언을 올렸으나, 공민왕은 분노하며 이들을 옥에 가두었습니다.

당시는 나라의 북쪽으로는 홍건적, 남쪽으로는 왜구의 침입이 잦아, 군사 비용이 무척이나 중요했던 시기였습니다. 그러나 영전을 짓는 일에 너무 많은 자원과 인력이 투입되면서 외적의 침입에 제대로 대응하기가 어려웠습니다. 나라의 모든 자원이 공사에 쏟아부어져 창고는 비어 버렸고, 훈련할 병사조차 구하기 힘들었습니다. 병사들에게 지급할 갑옷마저 없는 지경에 이르자, 모든 부대가 눈물을 흘리면서 적들을 바라만 볼 뿐, 나서서 싸우지 못했다고 합니다. 공민왕은 죽은 부인을 기리는 일에 나라의 물적, 인적 자원을 모두 쏟

아부으며 국가 재정과 군사력에 심각한 타격을 입힌 셈입니다.

나라 전체를 위기로 몰아넣을 뻔한 노국대장공주의 영전 공사는 공민왕이 홍륜 등에게 시해당할 때까지 계속되었고, 그의 죽음과 함께 끝이 났습니다. 물론 영전 공사가 공민왕 시해의 직접적인 원인이라고 단정할 수는 없으나, 공민왕의 삶은 왕비를 위해 타지마할을 만든 뒤 살해당한 샤 자한을 떠올리게 하는 것은 분명합니다. 사랑하는 부인을 잃은 슬픔과 사랑이 얼마나 컸는지는 이해할 수 있지만, 한 나라의 지도자로서 개인의 감정적 선택이 국가에 미치는 영향을 간과해서는 안 되었을 것입니다.

36

고려의 궁궐은 왜
높은 곳에 지었을까?

옛 고려의 궁궐 터는 **만월대**滿月臺라는 이름으로 불립니다. '만월'은 보름달을, '대臺'는 "평지보다 높게 만든 평평한 구조물"을 뜻하는데, 이름에서 알 수 있듯 고려의 궁궐은 평지에 지어진 조선의 궁궐과 달리, 높은 산에 기대어 지어졌습니다.

산비탈에 궁궐을 짓기 위해 고려 사람들은 먼저 비스듬한 곳에 축대를 쌓아 평평한 토대를 만든 뒤, 그 위에 건물을 세웠습니다. 이는 산을 깎거나 자연을 크게 훼손하지 않으면서도 경사진 곳에 안정적으로 건물을 세울 수 있는 방식이었습니다. 이렇게 지어진 궁궐은 높은 산비탈의 축대 위로 우뚝 솟아 있는 듯한 모양새가 되었습니다. 그런데 여기서 주제의 의문이 생깁니다. 평지에 궁궐을 지으면 공사가 훨씬 쉬웠을 텐데, 고려는 왜 굳이 산비탈 높은 곳에 궁궐을 지었을까요?

　고려 궁궐의 위치는 태조 왕건의 집안과 깊은 연관이 있는 것으로 추정됩니다. 만월대가 위치한 송악은 본래 왕건의 출신지이자 그의 조상이 대대로 살아온 터전이었습니다. 그러나 왕건의 아버지가 궁예의 사람이 되면서 왕건의 집안은 송악 땅을 모두 궁예에게 바쳤고, 왕건 또한 아버지를 따라 궁예의 측근으로 활동하며 후삼국 통일 전쟁에 참여하느라 송악을 떠나 있었습니다.

　이후 918년, 태조 왕건은 반란을 일으켜 궁예를 몰아냈습니다. 그 전까지 나라 이름은 태봉, 수도는 철원이었지만 즉위 후 왕건은 고려라는 새 나라를 세웠고, 얼마 지나지 않아 수도 역시 자신의 세력 기반이 가장 강한 근거지인 송악으로 옮겼습니다.

　그런데 송악은 왕건의 세력 기반이 가장 강했던 곳이었을 뿐 아니라, 그의 신성한 혈통을 상징하는 곳이었습니다. 왕건의 할아버지 작제건이 용왕의 딸과 혼인해 아들을 낳고 송악에서 살았다는 전설이 전해졌기 때문입니다. 모시던 왕을 몰아내고 왕위에 오른 왕건으로서는 반역의 명분을 확보하고, 자신이 왕이 될 자격이 있음을

이제부터 나라를 고려라 한다!

1909년 조선 순종의
서북부 순행 중, 순종이
개성 만월대 터에서
내려오는 모습을 촬영한 사진.
ⓒ 국립고궁박물관 소장

알려야 했는데, 송악은 왕건이 용의 후손이라는 것을 단적으로 보여 주는 지역이었습니다.

만월대가 산비탈의 높은 곳에 자리 잡은 것도 이런 정치적 의도가 반영된 것으로 볼 수 있습니다. 일부 연구자들은 고려 왕실이 경사진 지형에 맞춰 어쩔 수 없이 축대를 쌓은 것이 아니라, 오히려 건물을 높은 곳에 세우기 위해 일부러 산비탈을 골라 대를 쌓고 그 위에 궁궐을 지었다고 해석합니다.

하지만 안타깝게도 현재 만월대를 포함한 고려 궁궐은 모두 사라지고 터만 남아 있습니다. 그마저도 북한 개성 지역에 위치해 있어 쉽게 방문할 수 없는 상황입니다. 그래도 2000년대 이후 진행된 남북한 공동 연구와 발굴을 통해 고려 궁궐의 모습을 구체적으로 복원할 수 있게 되었으며, 이는 고려의 역사와 연구에서 매우 중요한 성과로 평가받고 있습니다.

37

승려들의 비석은
누가 세웠을까?

오랜 역사가 있는 사찰에 가면 절 한쪽에 그 사찰과 관련이 깊은 승려의 비석이 세워져 있는 모습을 볼 수 있습니다. 비석들은 주로 야외에 자리 잡고 있고, 사람들의 접근을 막기 위해 난간으로 둘러 놓거나, 작은 보호각 안에 넣어 문을 닫아 놓기도 합니다.

이 비석들은 대개 명망 높은 승려들을 기리기 위해 세워진 경우가 많습니다. 특히 고대나 고려시대부터 전해지는 오래된 비석들은 그 주인이 당시 승려가 오를 수 있는 최고 직위였던 왕사王師나 국사國師를 지냈거나, 혹은 사후에 왕사와 국사로 추증된 저명한 승려가 대부분입니다. 그렇다면 승려의 비석은 누가 세웠을까요?

비석의 주인이 존경받는 승려들이고, 비석이 위치한 곳이 승려와 관련이 깊은 사찰이라는 점에서, 각 사찰에서 내세우고 싶은 승려를 선정해 비석을 세웠을 거라 생각할 수 있습니다. 그러나 승려의 비석은 사찰이나 개인이 원한다고 해서 세울 수 있는 것이 아니었습니다. 오늘날 전해지는 고려 승려의 비석들은 대부분 왕명을 받아 나라에서 세운 비석인데, 승려의 비석을 나라에서 세웠다는 것을 알 수 있는 이유는 대부분의 비문 앞부분에 "왕명을 받아 비문을 지었다"라고 명시하고 있기 때문입니다. 비석에는 비문을 지은 사람의 직위와 이름 또한 명확하게 새겨져 있는데, 이들은 대개 예부시랑, 문하시랑, 한림학사 등 높은 관직에 있던 문신들이었습니다.

승려의 비문에는 이 밖에도 비석의 주인에 관한 다양한 정보가 담겨 있었습니다. 승려의 태생에서부터 어릴 때 뛰어난 면모를 보여 준 일, 출가한 시기와 스승 또는 사찰, 불교 학문의 수학 과정, 수행 과정을 거쳐 죽음에 이르기까지 전 생애가 자세히 기록되었습니다. 이렇게 죽은 사람의 행적과 정보를 적은 글을 **행장**이라고 합니다.

보물 361호 '보리사 대경대사 탑비'. 신라 말에서 고려 초기에 활동한 대경대사의 행장이 기록 되어 있다.
(ⓒ국립중앙박물관 소장)

행장 뒤에는 승려에 대한 후세의 긍정적인 평가가 덧붙여지기도 했고, 비석 뒷면에는 승려의 제자들의 이름을 밝혀 스승과 제자의 계보를 알 수 있게 했습니다. 또한 비문의 마지막에 비석을 세운 연도까지 표기해 두어서 해당 승려가 특정 행동을 언제 했는지까지 정확하게 계산할 수 있도록 했습니다.

그렇다면 승려의 비석에 비문을 쓴 이들은 어떻게 그의 생전 활동을 알고 이렇게 자세한 기록을 남길 수 있었을까요? 비문의 앞부분이나 끝부분에 해당 비석이 세워진 과정을 적어 놓는 경우가 있어, 당시 승려의 비석이 세워지는 과정을 엿볼 수 있습니다.

비석 건립은 대체로 왕사나 국사가 세상을 떠나면, 왕이 문신에게 비석에 새길 글을 작성하라는 명을 내리며 시작되었습니다. 때로는 왕명이 내려지기 전에 승려의 제자들이 먼저 왕에게 비석 건립을 청하기도 했습니다. 명을 받은 신하들은 자신의 부족함을 들어 몇 차례 사양한 후에야 이 일을 받아들였는데, 이때 승려의 제자들이 올린 글을 받았습니다. 문신들은 제자들이 스승의 행적과 성품, 업적 등을 기록한 이 글들을 엮어서 행장을 자세히 기록했습니다.

비문 작성의 밑자료를
정리해 올립시다.

경사로다.

왕사와 국사에 관한 기록은 문헌에 자세히 남아 있지 않기 때문에, 오늘날 전해지는 비문은 왕사와 국사의 수, 이 직위를 역임한 인물들의 정보를 제공하는 중요한 사료로 여겨집니다. 비석 실물이 전하지 않더라도, 『동문선』이나 『동국이상국집』 같은 문집에 비문 내용의 일부 또는 전체가 수록된 경우가 많아 연구에 큰 도움을 주고 있습니다.

그러나 이는 반대로, 왕사나 국사를 지내지 않아 비석이 세워지지 않은 승려들의 행장은 자세히 알기 어렵다는 뜻이기도 합니다. 세계에서 가장 오래된 금속활자본으로 알려진 『백운화상초록불조직지심체요절』, 즉 『직지』의 저자인 백운 경한 스님이 그 대표적인 예입니다. 백운 경한 스님의 비석이 전해지지 않아 그에 대한 정보가 매우 부족하며, 이로 인해 『직지』의 집필 경위와 그 안에 담긴 사상에 대한 많은 부분이 여전히 연구 과제로 남아 있습니다.

비석을 받치고 있는 신비로운 거북이, 귀부

옛날 왕이나 고승의 비석 아래에는 거북이나 용 모양 받침돌이 놓여 있는 경우가 많습니다. 이 받침돌을 '귀부龜趺'라고 부르는데, 장수의 상징이자 물과 지상을 드나들 수 있는 능력을 지닌 거북이처럼 비석의 주인이 사후에도 영원불멸하기를 바라는 마음을 담았을 것으로 추정됩니다.

삼국시대의 비석은 받침 없이 땅에 직접 묻는 경우가 많았지만, 통일신라시대에 중국 당나라의 영향을 받으면서 귀부가 우리나라에 본격적으로 등장했습니다.

처음에 거북 모양이었던 귀부는 8세기에 이르러 거북 머리가 점차 용의 모습으로 바뀌었고, 9세기에는 용의 머리로 조각하는 게 일반화되었습니다. 용의 머리에 거북의 몸이 결합된 형태는 고려시대에 이르러 정착되었으며 귀부도 더욱 정교하고 화려해졌습니다.

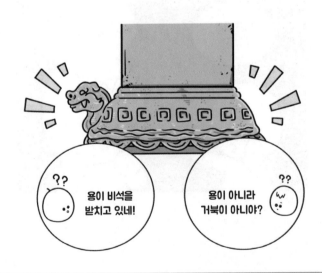

38

고려 사람들은
어떤 욕을 했을까?

사람들은 종종 욕을 사용합니다. 특히 우리나라에는 다양한 종류의 욕이 존재하는데, 이러한 욕들은 오랜 역사를 거치며 탄생했을 것입니다. 그렇다면 과거 우리 조상들도 욕설을 사용했을까요? 또 오늘날 우리는 개나 돼지 같은 동물에 빗대어 욕을 하는 경우가 많은데, 고려 사람들은 어떤 욕을 주로 했을까요?

결론부터 말하면, 고려 사람들도 우리처럼 욕을 했습니다. 오늘날처럼 '개'를 사용한 욕이 많았고, 충렬왕 재위 시절에 세자였던 충선왕이 박의라는 신하에게 했던 욕이 대표적입니다. 박의는 매와 개로 아첨해 충렬왕의 총애를 얻어 여러 차례 승진한 간신으로 알려져 있습니다. 그는 왕의 측근 같은 권력자들에게 뇌물을 많이 바쳤는데, 한번은 자신이 기르던 새매의 꼬리깃이 일반적인 12개가 아

니라 14개나 된다는 사실을 발견하고, 그 매를 원나라 황제에게 바
치기까지 했습니다. 이후 박의는 "원 황제께서 나를 대장군으로 삼
으셨다"라고 떠벌리고 다녔다고 합니다. 한번은 충렬왕이 사냥을
할 때 박의가 고니 한 마리를 잡아 바쳤고, 이때 왕은 크게 기뻐하며
그에게 옷을 하사했다고 전해집니다. 그러나 당시 세자였던 충선왕
은 이 모습을 보고 박의를 '아버지를 부추기는 늙은 개'에 비유하며
비난했습니다. 이를 들은 박의는 얼굴이 붉어지며 크게 부끄러워했
다고 전해집니다.

　왕이 욕을 한 사례도 기록에 생각보다 많이 남아 있습니다. 충숙
왕 재위기에 등장하는 이인길이라는 인물에 얽힌 일화가 대표적인
예입니다. 이인길은 밀직부사라는 고위 관직에까지 오른 인물이었
지만 품행은 좋지 않았는데, 하루는 이안이라는 사람과 노비를 두
고 다투다가 이안 부부를 구타하기까지 했습니다. 이 과정에서 이

안의 부인이 그만 유산을 했습니다. 이에 감찰사라는 관청에서 이 인길 집안의 노비를 가두자 이인길은 감찰사 문 앞에서 기다리다가 관리가 나오는 것을 보고 욕설을 퍼부었다고 합니다.

이렇듯 행패를 부리던 이인길은 아첨에는 능하여 충혜왕의 총애를 받았습니다. 충혜왕의 아버지 충숙왕은 그런 이인길에게 "너는 정말로 개나 돼지 같은 놈이다"라고 말하며 공개적으로 비난했다고 합니다. 이후 이인길은 곤장을 맞고 섬으로 유배 보내졌습니다.

일반 관리들도 사람을 업신여길 때 개에 비유하며 빈정댔습니다. 공민왕 재위기에는 사헌부 관리들이 다른 관리들을 비방하는 내용을 벽에 낙서처럼 써 붙인 적이 있는데, 안경이라는 인물을 비방하며 "안경은 참으로 개다"라고 썼습니다. 이때 비방에 가담한 이들은 고문을 받아 주모자를 자백한 뒤 모두 유배를 가게 되었습니다.

충렬왕 재위기에는 김방경이라는 사람이 반역을 도모했다는 모

함을 받고 유배된 적이 있었는데, 이 모의를 주도한 이들에게 분노한 김천록이 "너희는 개, 돼지다"라고 말하며 비난했습니다.

> 김천록이 돌아보며 꾸짖어 말하기를, "너희들은 개, 돼지다. 진도를 공격할 때 너희가 군율을 범하였으므로, 중찬[김방경]께서는 너희들이 숨긴 재물을 몰수해 관아에 귀속시켰다. 너희가 원한을 품은 것은 이 때문일 것이다. 지금 없는 말을 꾸며 대신을 모함하려고 하니 하늘이 죽이지 않는다면 하늘이 없는 것과 같다"라고 하였다.
> - 『고려사』 권104 「열전」 권17 제신 김방경, 현대어 편역

직접적인 욕설이 아니더라도, 잘못된 일에 대해 말할 때 주로 개와 돼지라는 표현이 쓰이기도 했습니다. 가령 충숙왕 대에 윤선좌라는 인물이 권력에 아첨하는 신하들을 보고 나직이 욕을 뱉은 사례가 있습니다. 원 간섭기에는 고려 왕을 원나라 황제가 임명했는데, 당시 황제의 총애를 받던 왕족 왕고는 다른 신하들의 서명을 모아 충숙왕을 모함하고, 자신을 왕으로 임명해 달라는 청원을 원나라에 올리려 했습니다. 이때 많은 신하들이 황제의 총애를 받는 왕고에게 돌아섰는데, 이 모습을 본 윤선좌라는 인물은 "신하가 임금을 비방하는 짓은 개나 돼지도 하지 않는다"라고 내뱉으며 침을 뱉

고 자리를 떠났다고 합니다. 이 때문에 서명하려고 모였던 많은 이들이 서명하지 않았다고 전해집니다.

오늘날에도 흔히 쓰이는 개를 이용한 욕설이 고려시대부터 사용되었다는 사실은 흥미롭습니다. 하지만 고려의 사례에서 알 수 있듯, 오랜 시간이 흐른 뒤에도 나의 언행이 기록으로 남을 수 있으니 평소에 말을 조심해서 하는 것이 좋겠습니다.

39

『삼국사기』가 있는데
왜 『삼국유사』를 또 만들었을까?

　고대 삼국을 다룬 역사서로 가장 먼저 떠오르는 것은 고려시대에 편찬된 『삼국사기』와 『삼국유사』입니다. 이 중 『삼국사기』는 12세기 중반에, 『삼국유사』는 그로부터 약 130년 후인 13세기 말에 편찬되어 시기적으로 약간 차이가 있지만, 두 문헌은 고려 사람의 관점에서 고구려, 백제, 신라의 건국시조와 왕대별 주요 사건들을 서술하고 있다는 점에서 공통점을 가집니다. 특히 고대 문헌 기록이 많이 전해지지 않는 오늘날, 두 책은 한국 고대사를 이해하는 데 중요한 단서를 제공하고 있습니다. 그런데 이미 『삼국사기』가 존재했음에도 불구하고, 왜 130년이 지나 『삼국유사』를 또 만들었을까요?

　주제의 질문에 답하기 위해선 우선 두 역사서의 편찬 의도에 대해 알아야 합니다. 『삼국사기三國史記』는 이름 그대로 고구려, 백제,

신라의 '역사史'에 대한 '기록記'이라는 뜻으로, 「신라본기」 「고구려본기」 「백제본기」 순으로 삼국의 역사를 왕대별로 기록하고 있습니다. 본기 뒤에는 연표가 수록되어 있고, 이어지는 「지志」에서는 삼국의 제사, 음악 등의 풍습과 지리를 다룹니다. 마지막으로 「열전」에서는 삼국의 주요 인물을 다루는데, 끝에서 궁예와 견훤을 다루며 후삼국의 역사를 기록해 문헌을 마무리합니다.

반면, 『삼국유사三國遺事』는 삼국에 대한 '남은遺' '일사事', 즉 기존 역사서나 문헌에 담기지 못한 '남아 있는 이야기'를 모아 엮은 책입니다. 이 책은 총 9편으로 구성되어 있으며, 연표 역할을 하는 「왕력」편 다음에 역사적 사실을 다룬 「기이」 편이 이어집니다. 이 「기이」편의 머리말에 '유사'라는 제목에 담긴 의도가 잘 드러나는데, 머리말의 첫 문장에는 "옛 성인들이 예禮와 악樂으로 나라를 일으키고 인仁과 의義로 가르침을 베푸는 것에 대해서는 '괴력난신怪力亂神'을 말하지 않았다"라고 이야기하고 있습니다. 여기서 괴력난신이란 각각 '괴이한 일怪' '믿기 힘든 역량力' '사회를 어지럽히는 반란과 정의에 어긋난 것亂', 그리고 '귀신과 관련된 것神'을 가리킵니다. 이는 『논어』의 "공자께서는 괴력난신에 대해 말씀하지 않으셨다"라는 구절에서 등장하는 표현입니다.

이어지는 두 번째 문장에서는 이러한 관점에 반박하며 『삼국유사』의 독특한 성격을 드러냅니다. "제왕이 나라를 세울 때면 하늘의 명을 받는 등 평범한 사람과는 다른 점이 반드시 있었고, 이러한 차이로 인해 나라를 세울 수 있었다"라는 것입니다. 이를 뒷받침하기 위해 신이한 일화가 등장하는 중국 고대 성인들의 이야기를 근거로 들며, 평범한 사람들에게는 일어나기 힘든 신기한 일들을 단지 믿기 어렵다는 이유로 역사서에서 빼 버리면 안 된다고 주장합니다. 그리고 이러한 이유로 「기이」 편을 『삼국유사』의 모든 편 중 가장 앞에 실었다고 설명하며 머리말은 마무리됩니다.

> 예로부터 전해 내려오는 모든 것[중국 신화 속 이야기]을 어찌 다 기록할 수 있겠는가? 그러므로 삼국의 시조가 모두 신이한 데에서 나온 것이 어찌 괴이하다 할 수 있겠는가? 이러한 신비로운 이야기들이 모든 편의 첫머리에 실린 이유는 바로 여기에 있다.
> ─『삼국유사』권1「기이」중 발췌

역사에 담기지 못한 기이한 이야기도 담겠다!

삼국유사

『삼국유사』의 「기이紀異」는 그 이름처럼 기이한 사건들을 기록한 부분입니다. 삼국의 건국 신화와 왕대별 역사를 기록했다는 점에서 『삼국사기』의 본기와 유사하지만, 삼국의 역사부터 시작하는 『삼국사기』와 달리 단군왕검과 고조선에서부터 다룬다는 점에서 차이가 있습니다. 또한 『삼국유사』는 마한, 진한, 변한, 북부여, 동부여 등 삼국 이전의 역사도 자세히 적고 있으며, 『삼국사기』에는 없는 가야의 역사까지도 기록했습니다. 이러한 구성은 '남아 있는' 일들을 전하겠다는 편찬 의지를 잘 보여 준다고 할 수 있습니다.

이 외에도 『삼국사기』와 비교하여 『삼국유사』에만 보이는 특징은 '불교'입니다. 『삼국유사』에서 「기이」 편이 차지하는 분량은 절반 정도로, 나머지 절반은 불교에 관련된 이야기들이 대부분입니다. 불교 이야기는 주로 불교가 삼국에 수용된 과정과 불교 관련 조형물 이야기, 신라 고승들의 전기 등을 다루고 있습니다. 이는 『삼국유사』의 집필을 주도한 이가 일연이라는 승려였기 때문이기도 하지만, 불교가 고대 역사에서 차지하는 비중이 그만큼 컸기 때문으로도 볼 수 있습니다.

또한 일반적인 불교 사서들은 주로 특정 계보를 따라 승려들의 생애를 나열하는 경우가 많은데, 『삼국유사』는 유명 승려의 전기뿐 아니라, 당시 삼국의 역사적 상황 속에서 승려들이 어떤 행적을 남겼는지에도 주목합니다. 예를 들어, 보양이라는 승려가 후삼국 전투에서 고려 태조 왕건에게 전략적으로 도움을 주었다는 기록이 담겨 있고, 원효의 전기를 다룰 때는 원효의 업적이 다른 책들에 이미 자세히 기록되어 있음을 언급하며, 여기서는 몇 가지 독특한 일화만을 전하겠다고 밝혔습니다. 어디에도 기록되지 않은 '남아 있는' 이야기를 전하려 했다는 점에서 『삼국유사』의 독특한 성격이 드러나는 부분입니다.

이렇듯 『삼국유사』와 『삼국사기』를 비교하며 각 역사서가 담고 있는 편찬 의도를 살펴본다면, 서로 다른 관점에서 역사를 이해하는 새로운 시각을 얻을 수 있을 것입니다.

40

고려시대에 제작된 팔만대장경은
어떻게 아직까지 썩지 않았을까?

팔만대장경은 세계가 주목하는 우리나라의 중요한 문화유산입니다. 약 8만 개에 달하는 목판으로 이루어져 있어 '팔만대장경'이라는 별칭으로 불리지만, 본래 이름은 '고려대장경'입니다. 대장경은 고려시대에 두 번 만들어졌는데, 처음 만든 것을 '초조대장경', 두 번째로 만든 것을 '재조대장경'이라고 부릅니다. 초조대장경 목판은 안타깝게도 불타 사라졌고, 현재는 재조대장경 목판만이 남아 있습니다.

그렇다면 대장경大藏經이란 정확히 무엇일까요? 석가모니가 열반에 든 후, 그의 제자들은 스승의 설법을 모아 '경經'을 만들고, 스승이 지켜 온 규율을 정리해 '율律'을 만들었습니다. 시간이 흐르며 '경'과 '율'에 대해 승려들이 논의한 내용을 바탕으로 여러 해석이 나왔고, 이를 모은 것이 '논論'이 되었습니다. 이렇게 완성된 경, 율, 논을 통틀어 '삼장三藏'이라 부르며, 삼장의 다른 이름이 바로 '대장경'입니다. 즉 대장경은 불교의 가르침과 부처님의 말씀을 집대성한 중요한 기록입니다.

대장경이 우리나라에 처음 전해진 것은 고려 성종 대로, 당시 송나라에서 대장경을 목판에 찍어 책으로 만들어 보내 주었습니다. 대장경을 책으로만 보관하던 고려는 현종 대에 이르러 경판을 제작해 직접 책을 찍어 낼 수 있게 되었는데, 이는 현종 즉위 이듬해에 닥친 거란의 침입 때문이었습니다. 불교의 힘으로 거란을 물리치겠다는 염원을 담아 처음으로 대장경판을 제작한 것입니다. 이와 관련해 고려 후기의 문인 이규보는『동국이상국집』에서 거란이 침입했을 때 대장경을 만들었더니 거란 군사가 물러났다고 기록하고 있습니다.

그리고 이때 만들어진 초조대장경은 고려 후기까지 보존되었지만, 이후 몽골의 침입으로 불타 소실되었습니다. 이에 이규보는 한

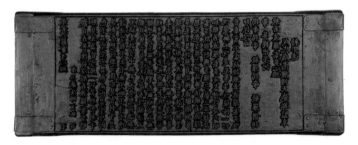

해인사 팔만대장경 목판. (ⓒ강화역사박물관 소장)

때 거란의 침입을 막아 주었던 대장경의 힘을 다시 한번 빌리기 위해 대장경을 새로 만들어 몽골의 침입을 물리치자는 기고문을 쓰기도 했습니다. 이 주장이 계기가 되어 대장경이 다시 제작되었고, 이때 완성된 재조대장경이 오늘날까지 전해지고 있습니다.

대장경판이 만들어지기 전까지는 책을 복제하려면 손으로 직접 필사하는 방법밖에 없었습니다. 그러나 경판이 만들어진 후에는 종이에 경판을 대고 찍어 내기만 하면 되었기 때문에, 이전보다 훨씬 많은 사람이 경전을 접할 수 있게 되었습니다. 이처럼 대장경 목판의 존재는 매우 중요한 의미를 가지며, 특히 전체 목판이 온전히 보존된 사례는 우리나라의 팔만대장경이 유일합니다.

그렇다면 나무로 만든 팔만대장경이 800년 가까이 되는 세월 동안 썩지 않고 지금까지 우수한 보존 상태를 유지할 수 있었던 이유는 무엇일까요? 그 이유 중 하나는 대장경 목판을 보관하는 건축물인 해인사 장경판전에 있습니다.

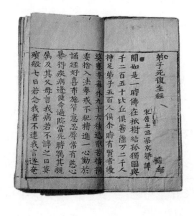

팔만대장경 목판본.
(ⓒ국립중앙박물관 소장)

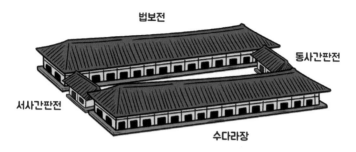

해인사 장경판전의 구조

　장경판전은 길고 큰 건물 두 채가 남북으로 나란히 배치된 구조입니다. 남쪽 건물은 수다라장, 북쪽 건물은 법보전이라 부르며, 그 사이 동쪽과 서쪽에는 작은 규모의 사간판전이 자리 잡고 있습니다. 이 중 각각 195평 규모의 대형 건물인 수다라장과 법보전에 팔만대장경 목판이 보관되어 있습니다.

　법보전과 수다라장의 내부에는 책장처럼 생긴 '판가'가 설치되어 있습니다. 사람이 판가 옆에 서면 사람 키의 두 배를 넘을 정도로 높은 이 판가는 총 5단으로 구성되어 있는데, 각 단에는 목판이 책처럼 세워져 꽂혀 있으며, 한 단에는 목판을 두 층으로 쌓아 보관할 수 있도록 설계되었습니다.

　그런데 대장경판은 나무로 만들어졌기 때문에 습기가 많아지면 곰팡이가 생겨 썩을 수 있어 적절한 습도 조절이 필요합니다. 이는 장소가 해결해 주었는데, 해인사는 가야산 중턱 해발 645미터 지점에, 그중에서도 장경판전은 해인사의 가장 높은 곳에 위치해 있습니다. 이 곳은 세 개 계곡이 만나는 지점에서 멀지 않아 바람이 잘 통했고, 창을 통해 건물 안으로 들어온 바람은 판가의 아래에서 위까지 골고루 순환하며 자연스럽게 습도를 조절해 줍니다. 이로 인해 장경판전 내부의 온도 역시 계절, 시간, 낮과 밤에 관계없이 섭씨 2도 이내로 거의 일정하게 유지되며, 일교차도 5도를 넘지 않아 안정적인 보존 환경을 제공합니다.

또한 팔만대장경의 목판 자체에도 특수한 처리가 더해졌습니다. 안료를 섞지 않은 옻을 두세 차례 칠해 말렸고, 순도가 높은 구리판으로 네 귀퉁이를 감싸 두었습니다. 이는 시간이 지나도 긴 나무판이 뒤틀리거나 좀먹지 않도록 방지해 줍니다.

이러한 지혜와 정성 덕분에 팔만대장경판은 고려 후기부터 현대에 이르기까지 본래의 모습을 온전히 지켜 올 수 있었습니다. 우리가 800여 년 전 사람들의 소망과 간절함을 이해한다면, 앞으로도 팔만대장경은 가치를 인정받고 계속해서 보존될 것입니다.

참고 문헌

1부. 사소해서 물어보지 못했던 고대사 이야기

1. 고인돌은 무덤이라던데, 시신은 어디에 있는 걸까?

『동국이상국집』, 『남행월일기』.

서성훈·성낙준, 『고흥장수제지석묘조사』, 국립광주박물관·고흥군, 1984.

우장문, 『우리나라와 인도네시아의 고인돌 연구』, 학연문화사. 2013.

우장문 외, 『(세계유산) 강화 고인돌』, 고인돌사랑회, 2008.

이영문, 『고인돌, 역사가 되다』, 학연문화사, 2014.

이용조·하문식, 「한국 고인돌의 다른 유형에 관한 연구-'제단고인돌'형식을 중심으로-」, 《동방학지》 63, 1989.

2. 고구려 사람들은 정말 활을 잘 쏘았을까?

『북사』, 「열전」 고구려.

『삼국사기』, 「열전」 온달; 「신라본기」,6 문무왕.

『주서』, 「이역열전」 고구려.

『후한서』, 「동이열전」 고구려; 부여; 서; 읍루.

김병모, 『한국인의 발자취』, 집문당, 1992.

김성구, 「고구려의 활과 화살 - 1km 날아간 '고구려 화살'」, 《과학과 기술》 35(11), 2002.

서영교, 「高句麗 壁畵에 보이는 高句麗의 戰術과 武器 : 기병무장과 그 기능을 중심으로」, 《고구려발해연구》 17, 2004.

3. 고구려, 백제, 신라 사람들은 서로 말이 통했을까?

『삼국사기』 권40 「잡지」 제9 무관; 국통 기사.

『삼국사기』 권41 「열전」 제1 「김유신 상」 중 642년 기사.

『삼국사기』 권44 「열전」 제4 「거칠부」 기사.

『삼국지』, 『양서』, 「동이열전」.

김주원, 「한국어사와 삼국의 언어」, 《Ingenium(人材니움)》 11(2), 2004.

이근수, 「古代 三國의 言語에 대한 考察(II): 三國史記 地理志의 單數地名을 中心으로」, 《홍대논총》 14(1), 1982.

4. 우리나라에서 언제부터 축구를 했을까?

『구당서』「동이열전」 고구려 기사.

『계곡집』 권15.

『삼국유사』 권1 「기이」 1 「태종춘추공」.

『삼국사기』 권6 「신라본기」 제6 문무왕 기사.

『세종실록』 권28 세종 7년 4월 19일 무오 기사..

『신당서(新唐書)』「동이열전」 고구려 기사.

김영준, 「신라 오기일(烏忌日) 축국의 양상과 성격」《한국학연구》 55, 2019.

박귀순, 「한국의 축국에 관한 연구」《한국체육사학회지》 20(4), 2015.

5. 첨성대 안으로는 어떻게 들어갔을까?

『동사강목』 권3하 정미년 신라 선덕여주 16년; 진덕여주 원년; 고구려 왕 장 6년; 백제 왕 의자 7
    년; 당 태종 정관 21년 기사.

『삼국유사』 권1 「기이」 1 선덕왕 지기삼사 기사.

『세종실록』 150권 「지리지」 경상도 경주부 기사.

『신증동국여지승람』 권21 경상도; 경주부 기사.

김장훈, 『첨성대의 건축학적 수수께끼』, 동아시아, 2019.

문중양, 『우리역사 과학기행』, 동아시아, 2008.

김용운, 「瞻星臺小考」, 《역사학보》 64, 1974.

나일성, 「신라 첨성대」, 《한국사 시민강좌》 23, 1998.

남천우, 「첨성대 이설의 원인 – 이용범씨의 첨성대 존의 재론을 보고 –」, 《한국과학사학회지》
    9(1), 1987.

서금석, 「천문대로서의 첨성대 이설에 대한 재론」, 《한국고대사연구》 86, 2017.

이동우, 「경주 첨성대의 축조에 관한 구조공학적 고찰」, 《한국전통과학기술학회지》 4(1), 1998.

이용범, 「첨성대존의(瞻星臺存疑)」, 《진단학보》 38, 1974.

전상운, 「첨성대와 신라의 천체 관측」, 《과학과 기술》 4(3), 1971.

홍사준, 「경주첨성대실측조서」《미술사학연구》 56·57, 1965.

6. 원효는 정말 해골 물을 마셨을까?

『삼국유사』 권4 의해 「원효불기」.

『송고승전』「의상전기」.

『임간록』 권상 「원효대사」.

남동신, 『원효의 발견』, 사회평론아카데미, 2022.

7. 옛날 사람들도 강아지를 키웠을까?

『삼국사기』 권28 「백제본기」 제6 의자왕 20년 기사.

『삼국유사』 권2 기이2 「경명왕」 기사.

『삼국지』 권30 『위서』 30 「오환선비동이전」.

『후한서』 권120 「오환선비열전」 제80.

박진욱 외, 『덕흥리고구려벽화무덤』, 과학백과사전출판사, 1981.

조선유적유물도감편집위원회, 『조선유적유물도감 5, 고구려편 3』, 한국학자료원, 1990.

강석근, 「신라개[新羅犬]와 신라개 이야기의 문화원형적 연구」, 《국제언어문학》 36, 2017.

김건수, 「우리나라 유적 출토 개 유체 고찰」, 《호남고고학보》 37, 2011.

전호태, 「고구려 고분 벽화의 개」, 《한국고대사연구》 97, 2020.

최석규, 「한국 토종개와 경주 동경개[東京狗]의 역사적 고찰」, 《경주문화논총》 10, 2007.

8. 박물관에 전시된 커다란 금귀걸이를 진짜 귀에 걸었을까?

이인숙, 「古新羅期 裝身具에 대한 一考察」, 《역사학보》 62, 1974.

이한상, 「耳飾으로 본 古代 東北아시아 各國 사이의 交流」, 《백제문화》 1(49), 2013.

주경미, 「보물 지정 노서동 금귀걸이와 황오동 금귀걸이의 연구」, 《고고학지》 24, 2018.

2부. 보면 볼수록 흥미로운 고대 사회 이야기

9. 고대 왕들은 왜 다 알에서 태어났다고 묘사할까?

『삼국사기』 권13 「고구려본기」 제1.

『삼국유사』 권1 「기이」 1 고구려; 신라 시조 혁거세왕; 제사 탈해왕.

김영하, 「삼국 및 남북국시기의 사회적 성격」, 『한국사 3』, 한길사, 1994.

김화경, 『한국 신화의 원류』, 지식산업사, 2005.

三品彰英, 『三品彰英全集 3』, 平凡社, 1971.

강인구, 「昔脫解와 吐含山, 그리고 石窟庵」, 《정신문화연구》 82, 2001.

박명숙, 「고대 동이계열 민족 형성과정 중 새 토템 및 난생설화의 관계성 비교 연구」, 《국학연구》 14, 2010.

조태영, 「한국 난생신화와 한국문학의 원형: 아리랑의 기원 및 근원적 성격과 관련하여」, 《한신인문학연구》 2, 2001.

최광식, 「『삼국유사』의 문화사적 가치」, 《신라문화》 49, 2017.

10. 삼국시대에도 투표가 있었을까?

『삼국사기』 권24 「백제본기」 2 사반왕·고이왕 27년 1월.

『삼국사기』 권25 「백제본기」 3 전지왕 4년 1월; 「백제본기」 6 의자왕 16년 3월; 「백제본기」 6 의자
　왕 17년 1월.
『삼국유사』 권2 「기이」 2 남부여 전백제 북부여.
『신당서』 「동이열전」 신라.
노중국, 「백제의 정치·경제와 사회」, 『한국사 6』, 탐구당문화사, 1995.
노중국, 『백제정치사연구』, 일조각, 1988.

11. 삼한은 왜 범죄자를 체포하러 들어갈 수 없는 곳을 만들었을까?

『삼국사기』 권43, 「열전」 3 김유신 하.
『삼국지』 「위서」 동이전, 한.
『후한서』 「동이열전」 한.
봉암사지증대사적조탑비.
김두진, 「三韓 別邑社會의 蘇塗信仰」, 『韓國古代의 國家와 社會』, 일조각, 1985.
김정배, 「蘇塗의 政治史的 意味」, 『韓國古代의 國家起源과 形成』, 고려대학교출판부, 1986.
손진태, 「蘇塗考」, 『韓國民族文化의 硏究』, 을유문화사, 1948.

12. 연개소문의 이름은 개소문일까, 소문일까?

『동사강목』 부록 상권 상 「고이」 「천개소문」.
『삼국사기』 권22 「고구려본기」 10, 「보장왕」.
『삼국사기』 권49 「열전」 9, 「개소문」 기사.
천남생묘지명.

13. 왜 백제에만 비범한 건국 설화가 없을까?

『삼국사기』 권13 「고구려본기」 제1 유리왕; 「백제본기」 제1 시조 온조왕

14. 남성 중심 사회였던 고대에 신라 여왕은 어떤 대우를 받았을까?

『고려사』 권2 「세가」 권2 태조 26년 4월 기사.
『삼국사기』 권5 「신라본기」 제5 「선덕왕」.
남동신, 「元曉와 芬皇寺 關係의 史的 推移」, 《신라문화제학술발표논문집》 20, 1999.

15. 통일신라 사람들은 서로를 같은 나라 사람이라고 생각했을까?

『삼국사기』 권6 「신라본기」 제6 문무왕 10년 6월 기사; 7월 기사.
『삼국사기』 권7 「신라본기」 제7 문무왕 12년 8월 기사; 20년 3월 기사, 5월 기사.
『삼국사기』 권8 「신라본기」 제8 신문왕 4년 11월 기사; 12년 기사.
『삼국사기』 권50 「열전」 제10 견훤; 궁예

『삼국유사』 권1 「기이」 제1 태종춘추공 기사.

노명호, 「고려국가와 집단의식: 자위공동체·삼국유민·삼한일통·해동천자의 천하」, 서울대학교출
판문화원, 2009.

16. 화랑은 왜 얼굴 보고 뽑았을까?

『고려사』 권2 「세가」 권2 태조 26년 4월 기사.

『고려사』 권94 「열전」 권7 제신 서희.

『고려사』 권108 「열전」 권21 제신 민종유, 민적.

『삼국사기』 권4 「신라본기」 제4 진흥왕 37년.

『삼국사기』 권44 「열전」 제4 「사다함」.

『삼국유사』 권3 제4 탑상 「미륵선화·미시랑·진자스님」.

『파한집』 권하.

3부. 읽다 보면 빠져드는 고려사 이야기

17. 고려는 중국의 제후국이었는데 고려 왕들은 왜 자신을 황제라고 칭했을까?

『고려사』 권1 「세가」 권1 태조 원년 6월.

『고려사』 권2 「세가」 권2 광종 원년 1월.

『고려사』 권5 「세가」 권5 현종 21년 1월.

『고려사절요』 권10 인종 10년 4월.

『史記』 「秦始皇本紀」.

노명호, 「고려국가와 집단의식: 자위공동체·삼국유민·삼한일통·해동천자의 천하」, 서울대학교출
판문화원, 2009.

노명호, 「고려태조 왕건의 동상: 황제제도·고구려문화전통의 형상화」, 지식산업사, 2012.

송기호, 「임금되고 신하되고」(송기호 교수의 우리 역사 읽기 6), 서울대학교출판문화원, 2014.

김기덕, 「고려의 諸王制와 皇帝國體制」, 《국사관논총》 78, 1997.

노명호, 「東明王篇과 李奎報의 多元的 天下觀」, 《진단학보》 83, 1997.

노명호, 「高麗時代의 多元的 天下 觀과 海東天子」, 《한국사연구》 105, 1999.

송기호, 「송기호의 역사 이야기: 왕국과 황제국 1」, 《대한토목학회지》 62(2), 2014.

송기호, 「송기호의 역사 이야기: 왕국과 황제국 2」, 《대한토목학회지》 62(3), 2014.

안기혁, 「여말선초 대중국관계와 국왕시호(國王諡號)」, 《역사와 현실》 104, 2017.

추명엽, 「고려전기 '번' 의식과 '동서번'의 형성」, 《역사와 현실》 43, 2002.

추명엽, 「高麗時期 海東 인식과 海東天下」, 《한국사연구》 129, 2005.

황운용, 「高麗諸王考」, 《又軒丁仲煥博士還曆紀念論文集》, 1974.

18. 문신이었던 강감찬은 어떻게 장군이 됐을까?

『고려사』 권4 「세가」 권4 현종 9년 12월.

『고려사』 권73 「지」 권27 선거1 선거 서문.

『고려사』 권73 「지」 권28 선거2 과목2 무과.

『고려사』 권94 「열전」 권7 제신 강감찬.

『보한집』 권상.

「배주고 배속 빌어먹는 始興郡」, 《개벽》 50, 1924. 8. 1.

문화재청 홈페이지(https://www.cha.go.kr/main.html).

김인호, 「강감찬과 낙성대에 대한 인식과 평가의 시대적 추이」, 《한국중세사연구》 60, 2020.

19. 고려 왕실은 왜 근친혼을 했을까?

『고려사』 권2 「세가」 권2 경종 6년 7월.

『고려사』 권4 「세가」 권4 현종 총서.

『고려사』 권33 「세가」 권33 충선왕 복위년 11월.

『고려사』 권88 「열전」 권1 후비1; 경종 후비 헌애왕태후 황보씨.

『고려사』 권90 「열전」 권3 종실, 태조 소생 왕자.

하현강, 「고려전기의 왕실혼인에 대하여」, 《이대사원》 7, 1968.

황향주, 「10~13세기 高麗 王室의 構造와 編制」, 서울대학교 박사학위논문, 2022.

20. 과거 시험에 합격하면 무슨 업무부터 시작했을까?

『고려사』 권2 「세가」 권2 광종 7년.

『고려사』 권33 「세가」 권33 충선왕 즉위년 1월.

『고려사』 권93 「열전」 권6 제신 쌍기.

『동국이상국집』 연보.

한국역사연구회, 『개경의 생활사』, 휴머니스트출판그룹, 2007.

21. 선죽교에는 정말 정몽주의 핏자국이 남아 있을까?

『고려사절요』 권33 「신우」4, 우왕 14년 2월; 4월; 5월; 6월.

『고려사절요』 권34 「공양왕」1, 공양왕 1년 9월; 1년 11월..

『고려사절요』 권35 「공양왕」2, 공양왕 4년 4월.

『태조실록』 권1, 총서.

『태종실록』 권2, 태종 1년 11월 7일 신묘.

『영조실록』 권52, 영조 16년 9월 3일 신미.

박종진, 『박종진 선생님과 함께하는 두근두근 개성답사』, 청년사, 2018.

22. 무신들은 중앙 정치 기구를 장악하고도 왜 왕이 되지 않았을까?

『고려사』 권20 「세가」 권20 명종 26년 4월.

『고려사』 권128 「열전」 권41 반역 정중부.

『고려사절요』 권13 명종 26년 4월; 26년 5월; 27년 9월.

김당택, 「崔氏武人政權과 國王」, 《韓國學報》 42, 1986.

23. 고려의 왕자였던 의천은 왜 가출하려고 했을까?

『대각국사문집』 5.

『고려사』 권3 「세가」 권3 성종 13년 2월.

『고려사』 권6 「세가」 권6 정종 2년 5월.

『고려사』 권8 「세가」 권8 문종 13년 8월.

『고려사』 권90 「열전」 권3 종실, 문종 왕자 대각국사 왕후.

『고려사』 권127 「열전」 권40 반역, 이자겸.

금산사혜덕왕사진응탑비; 선봉사대각국사비; 영통사대각국사비.

박용진, 「大覺國師 義天 硏究」, 국민대학교 박사학위논문, 2005.

채상식, 「고려후기 修禪結社 성립의 사회적 기반」, 《한국전통문화연구》 6, 1990.

최병헌, 「대각국사(大覺國師) 의천(義天)의 불교사적(佛敎史的) 위치(位置)」, 《천태학연구》 4, 2002.

최병헌, 「혜덕왕사 소현(韶顯)과 귀족불교」, 《한국사시민강좌》 39, 2006.

허흥식, 「佛敎와 融合된 社會構造」, 《高麗佛敎史硏究》, 1986.

한정수, 「고려-송-거란 관계의 정립 및 변화에 따른 紀年의 양상 – 광종~현종 대를 중심으로 –」, 《한국사상사학》 41, 2012.

24. 원나라는 왜 자국의 공주를 속국인 고려 국왕과 결혼시켰을까?

『고려사』 권26 「세가」 권26 원종 9년 3월; 10년 6월, 11월; 11년 2월.

『고려사』 권27 「세가」 권27 원종 12년 1월, 11월; 12년 12월.

『고려사』 권28 「세가」 권28 충렬왕 총서.

『고려사』 권29 「세가」 권29 충렬왕 7년 3월.

『고려사』 권35 「세가」 권35 충숙왕(후) 6년 5월.

『고려사』 권113 「열전」 권26 제신 안우경.

『원사』 권209, 「안남」.

고익진, 「원과의 관계의 변천」, 『한국사 7』, 국사편찬위원회, 1984.

김호동, 『몽골제국과 고려』, 서울대학교출판문화원, 2007.

이명미, 『13~14세기 고려 몽골 관계 연구: 정동행성승상 부마 고려국왕 그 복합적 위상에 대한 탐구』, 혜안, 2016.

4부. 알고 나면 더 재밌는 고려 사회 이야기

25. 고려시대에도 고소할 수 있었을까?

『고려사』 권2 「세가」 권2 태조 17년 5월.

『고려사』 권15 「열전」 8 제신 이자연, 이혁유.

『고려사』 권38 「세가」 권38 공민왕 원년 2월.

『고려사』 권38 「지」 38 형법1 직제; 85 형법2 소송.

『고려사』 권39 「형법」 2 노비.

『고려사』 권76 「지」 30 백관1 형조.

『고려사』 권79 「지」 권33 식화2 차대.

『고려사』 권85 「형법」 2 소송.

채웅석, 「고려시대의 사송(詞訟) 인식과 운영」, 《한국중세사연구》 63, 2020.

26. 고려 사람들의 연애 스타일은 지금과 많이 달랐을까?

『고려사』 권100 「열전」 권13 제신 최세보.

『고려사』 권111 「열전」 권24 제신 경복흥.

『고려사』 권129 「열전」 권42 반역 최충헌.

『북사』 「열전」 고구려.

『선화봉사고려도경』 「풍속」2.

『수서』 「동이열전」 고구려.

『송사』 「외국열전」 고려.

『주서』 「이역열전」 고구려.

김창현, 『고려의 여성과 문화』, 신서원, 2007.

한국역사연구회, 『개경의 생활사』, 휴머니스트출판그룹, 2007.

27. 고려 사람들도 이혼·재혼할 수 있었을까?

『고려사』 권84 「지」 권38 형법 호혼.

『고려사』 권89 「열전」 권2 후비 충렬왕 후비 숙창원비 김씨; 충선왕 후비 순비 허씨; 충숙왕 후비
　　수비 권씨.

『고려사』 권106 「열전」 권19 제신 박유.

『고려사』 권110 「열전」 권23 제신 왕후.

『고려사절요』 권30 「신우」1 우왕 2년 12월.

『선화봉사고려도경』 권22 「풍속」1.

28. 고려는 왜 세로로 기다란 동해안 전체를 하나의 구역으로 관리했을까?

『고려사』권3「세가」권3 목종 8년 정월.

『고려사』권4「세가」권4 현종 2년 8월.

『고려사』권24「세가」24 고종 45년 12월.

『고려사』권58「지」12 지리3 북계.

『고려사』권77「지」31 백관2 외직 병마사.

『고려사절요』권3 현종 10년 정월.

권영국,「고려전기 동북면과 동해안의 방어체제」,《숭실사학》30, 2013.

신성재,「11세기 동계지역 해상방위와 도부서(都部署): 진명·원흥 도부서를 중심으로」,《이순신 연구논총》34, 2021.

이창섭,「11세기 초 동여진 해적에 대한 고려의 대응」,《한국사학보》30, 2008.

한성주,「고려시대 東女眞·東眞兵의 강원지역 침입에 대하여 : '東女眞 海賊'의 침입을 중심으로」,《인문과학연구》30, 2011.

29. 고려시대 때 외국어하는 사람은 어떻게 배운 걸까?

『고려사』권3「세가」권3 성종 14년 9월.

『고려사』권21「세가」권21 신종 5년 3월 .

『고려사』권27「세가」권27 원종 12년 12월.

『고려사』권28「세가」권28 충렬왕 총서; 충렬왕 3년 3월.

『고려사』권76「지」권30 백관1 통문관; 예빈시.

『고려사』권77「지」권31 백관2 제자도감각색.

『고려사』권79「지」권33 식화2 과렴.

『고려사』권105「열전」권18 제신 조인규.

『고려사』권123「열전」권36 폐행 강윤소.

『선화봉사고려도경』권36 해도3 군산도.

이미숙,「한국사상(韓國思想)(사학(史學)) : 고려시대(高麗時代)의 역관(譯官) 연구(研究)」,《한국 사상과 문화》46, 2009.

박용운,「고려시기의 통문관(通文館)(사역원(司譯院))에 대한 검토 - 한어도감(漢語都監), 역어도감 (譯語都監), 이학도감(吏學都監), 한문도감(漢文都監)과도 관련하여 -」,《한국학보》31, 2005.

30. 우리나라에서 언제부터 매사냥을 했을까?

『고려사』권28「세가」권28 충렬왕 2년 3월, 8월; 3년 7월.

『고려사』권29「세가」권29 충렬왕 5년 9월; 6년 3월.

『고려사』권33「세가」권33 충선왕 총서.

『고려사』권34「세가」권34 충숙왕 6년 8월.

『고려사』 권36 「세가」 권36 충혜왕 4년 2월.

『고려사』 권43 「세가」 권43 공민왕 20년 12월.

『고려사』 권77 「지」 권31 백관2 제사도감각색, 응방도감.

『고려사』 권104 「열전」 권17 제신 김주정.

『고려사』 권109 「열전」 권18 제신 조인규.

『고려사』 권123 「열전」 권36 폐행 서문.

『고려사』 권124 「열전」 권37 폐행 윤수.

『고려사절요』 권19 충렬왕 1년 5월.

『동사강목』 11下, 충렬경효왕 원년 5월.

『삼국사기』 권3 「신라본기」 제3 눌지마립간 18년 9월.

『삼국사기』 권24 「백제본기」 제3 아신왕 원년 11월.

김탕택, 『元干涉下의 高麗政治史』, 일조각, 1998.

이인재, 「高麗後期 鷹坊의 設置와 運營」, 『(하현강 교수 정년기념논총) 한국사의 구조와 전개叢』, 혜안, 2000.

전호태, 『고분벽화로 본 고구려 이야기』, 풀빛, 1999.

김보광, 「고려 충렬왕의 케시크(怯薛, kesig) 제 도입과 그 의도」, 《사학연구》 107, 2012.

김탕택, 「忠烈王의 復位 과정을 통해 본 賤系 출신 관료와 '士族' 출신 관료의 정치적 갈등 – '士大夫'의 개념에 대한 검토 – 」, 『東亞硏究』 17, 1989.

박홍배, 「高麗鷹坊의 弊政 – 主로 忠烈王代를 중심으로 – 」, 《慶州史學》 5, 1986.

이강한, 「1270~80년대 고려내 鷹坊 운영 및 대외무역」, 《한국사연구》 146, 2009.

이근화, 「鷹坊이 高麗에 끼친 影響—忠烈王代를 中心으로—」, 《忠南經商專門大論文集》 3, 1985.

임형수, 「고려 충렬왕대 鷹坊의 구조와 기능에 대한 재검토」, 《역사와 담론》 93, 2020.

전호태, 「고구려의 매사냥」, 《역사와 경계》 91, 2014.

31. 태조 왕건의 동상은 왜 벌거벗고 있을까?

『고려사』 권21 「세가」 권21 신종 6년 9월 갑오 기사.

『고려사』 권26 「세가」 권26 원종 11년 12월 기사.

『고려사』 권63 「지」 권17 예5 「길례소사」, 「잡사」 기사.

『선화봉사고려도경』 권17 「사우」, 숭산묘.

『세종실록』 권20, 세종 5년 6월 무인 기사.

『세종실록』 권37, 세종 9년 8월 10일 을축 기사.

『세종실록』 권41, 세종 10년 8월 1일 경진 기사.

김인철, 「고려무덤 발굴보고」, 백산자료원, 2003.

노명호, 『고려 태조왕건의 동상: 황제제도·고구려문화 전통의 형상화』, 지식산업사, 2012.

32. 고려시대에는 자식들에게 재산 상속을 어떤 비율로 했을까?

『고려사』 권75 「지」 권29 선거3 전주, 음서.

『고려사』 권95 「열전」 권8 제신 이지저.

『고려사』 권102 「열전」 권15 제신 손변.

『고려사』 권104 「열전」 권17 제신 나익희.

『고려사』 권109 「열전」 권22 제신 윤선좌.

노명호, 「高麗社會의 兩側的 親屬組織 硏究」, 서울대학교 박사학위논문, 1988.

이정란, 「고려시대 계보기록과 재산 상속 - 여계(女系) 가문의 상속권을 중심으로 -」, 《여성과 역사》 23, 2015.

5부. 한 번쯤은 궁금했던 고려 문화 이야기

33. 사람들은 풍수지리를 언제부터 믿고 따르기 시작했을까?

『고려사』 「고려세계」.

『고려사』 권2 「세가」 권2 태조 26년 4월.

『고려사』 권16 「세가」 권16 인종 13년 1월.

『고려사』 권18 「세가」 권18 의종 12년 9월.

『고려사』 권127 「열전」 권40 반역 묘청.

『고려사』 권133 「열전」 권46 우왕 2년 6월.

『선화봉사고려도경』 권3 「성읍」 지형.

옥룡사선각국사비.

34. 고려시대 사람들은 설날에 며칠이나 쉬었을까?

『가정집』 권17 율시 「甲申元日」.

『고려사』 권19 「세가」 권19 의종 24년 1월.

『고려사』 권67 「지」 권21 예9 가례.

『고려사』 권84 「지」 권38 형법1 명례; 형법1 공식.

『동국이상국집』 후집 제1권 고율시 「元日戲作」.

『동국이상국집』 후집 제2권 고율시 「正日望路」.

『동국이상국집』 후집 제8권 고율시 「辛丑正旦」.

『동문선』 권16 「칠언율시」.

『荊楚歲時記』.

『파한집』 발(跋).

『선화봉사고려도경』 권17 「사우」.

한국역사연구회, 『개경의 생활사』, 휴머니스트출판그룹, 2007.
한만영, 『민속악체계정립자료집』 4, 한국문화예술진흥원, 1980.

35. 공민왕의 사랑은 왜 나라를 위기에 빠뜨렸을까?

『고려사』 권40 「세가」 권40 공민왕 12년 윤3월 기사.
『고려사』 권41 「세가」 권41 공민왕 15년 5월 기사.
『고려사』 권43 「세가」 권43 공민왕 21년 5월; 7월 기사.
『고려사』 권64 「지」 권18 예6 흉례 국휼 기사.
『고려사』 권89 「열전」 권2 「후비」 「공민왕 후비 휘의노국대장공주」 기사.
『고려사』 권111 「열전」 권24 제신 「유탁」 기사.
『고려사절요』 권29 공민왕 4, 공민왕 22년 3월 기사.

36. 고려의 궁궐은 왜 높은 곳에 지었을까?

『고려사』 「고려세계」.
『고려사』 권1 「세가」 권1 태조 총서; 태조 2년 1월.
개성만월대 남북공동발굴디지털기록관 홈페이지 (http://www.manwoldae.org/front/main.do).
박종진, 『박종진 선생님과 함께하는 두근두근 개성답사』, 청년사, 2018.
한국역사연구회, 『고려시대 사람들은 어떻게 살았을까 1』, 현북스, 2022.

37. 승려들의 비석은 누가 세웠을까?

한국민족문화대백과사전: 귀부(龜趺)(https://encykorea.aks.ac.kr/Article/E0007195)

38. 고려 사람들은 어떤 욕을 했을까?

『고려사』 권43 「세가」 권43 공민왕 21년 2월.
『고려사』 권104 「열전」 권17 제신 김방경.
『고려사』 권109 「열전」 권22 제신 윤선좌.
『고려사』 권124 「열전」 권37 폐행 박의; 이인길.

39. 『삼국사기』가 있는데 왜 『삼국유사』를 또 만들었을까?

『고려사』 권98 「열전」 권11 「제신」 「김부식」 기사.
『논어』 「술이」.
『삼국유사』 권1 「기이」.
『삼국유사』 권4 「의해」 「보양이목」 기사; 「원효불기」 기사.

40. 고려시대에 제작된 팔만대장경은 어떻게 아직까지 썩지 않았을까?

『고려사』 권3 「세가」 권3 성종 10년 10월.
『고려사』 권4 「세가」 권4 현종 원년 11월.
『동국이상국집』 「대장각판군신기고문」.
문화재청, 『한국의 세계 유산』, 눌와, 2010.
폴 윌리엄스, 안성두 역, 『인도불교사상』, 씨아이알, 2011.
한국역사연구회, 『고려시대 사람들은 어떻게 살았을까 1』, 현북스, 2022.

도판 크레디트

19쪽   (좌) 국립중앙박물관에서 작성하여 공공누리 제1유형으로 개방한 "정기환 필 무용총 렵인도".
19쪽   (우) 국립중앙박물관에서 작성하여 공공누리 제1유형으로 개방한 "정기환 필 무용총 치사도".
55쪽   (좌) 국립공주박물관에서 작성하여 공공누리 제1유형으로 개방한 "금 귀걸이(왕)".
55쪽   (우) 국립공주박물관에서 작성하여 공공누리 제1유형으로 개방한 "금 귀걸이(왕비)".
76쪽   국가유산청에서 작성하여 공공누리 제1유형으로 개방한 "해남 거칠마 토성'에서 고대 마한의 전통 제사 의례용 공간 발견".
149쪽 국립중앙박물관에서 작성하여 공공누리 제1유형으로 개방한 "경기개성 선죽교".
245쪽 국립고궁박물관에서 작성하여 공공누리 제1유형으로 개방한 "순종 서북순행 사진(개성 만월대에서 내려옴)".
248쪽 국립중앙박물관에서 작성하여 공공누리 제1유형으로 개방한 "보리사 대경대사 탑비".
264쪽 ⓒCaroline Knox, CC BY-SA 3.0
266쪽 강화역사박물관에서 작성하여 공공누리 제1유형으로 개방한 "팔만대장경".
267쪽 국립중앙박물관에서 작성하여 공공누리 제1유형으로 개방한 "팔만대장경 목판본".

사소해서 물어보지 못했지만 궁금했던 이야기 3

1판 1쇄 인쇄 2025년 1월 20일
1판 1쇄 발행 2025년 2월 5일

기획 사물궁이 잡학지식
지은이 최승이
펴낸이 김영곤
펴낸곳 (주)북이십일 아르테

책임편집 최윤지 **기획편집** 장미희 김지영
일러스트 빅포레스팅 **디자인** 채홍디자인
마케팅 남정한 나은경 최명열 한경화 권채영
영업 변유경 한충희 장철용 김영남 강경남 황성진 김도연
제작 이영민 권경민

출판등록 2000년 5월 6일 제406-2003-061호
주소 (10881) 경기도 파주시 회동길 201(문발동)
대표전화 031-955-2100 **팩스** 031-955-2151 **이메일** book21@book21.co.kr

ISBN 979-11-7357-084-1 (04900)
979-11-7357-085-8 (세트)

아르테는 (주)북이십일의 문학·교양 브랜드입니다.

(주)북이십일 경계를 허무는 콘텐츠 리더
───────────────────────────
페이스북 facebook.com/21arte 블로그 arte.kro.kr
인스타그램 instagram.com/21_arte 홈페이지 arte.book21.com